典藏版 鐵道新旅

Taiwan Railways 3 縱貫線南段

縱貫線南段—40站全覽

已於 2013 年 6 月 28 日正式走入歷史的曾文溪鐵橋。 攝影／古庭維

walkers 遠足文化 Walkers Cultural

鐵道新旅
Taiwan Railways

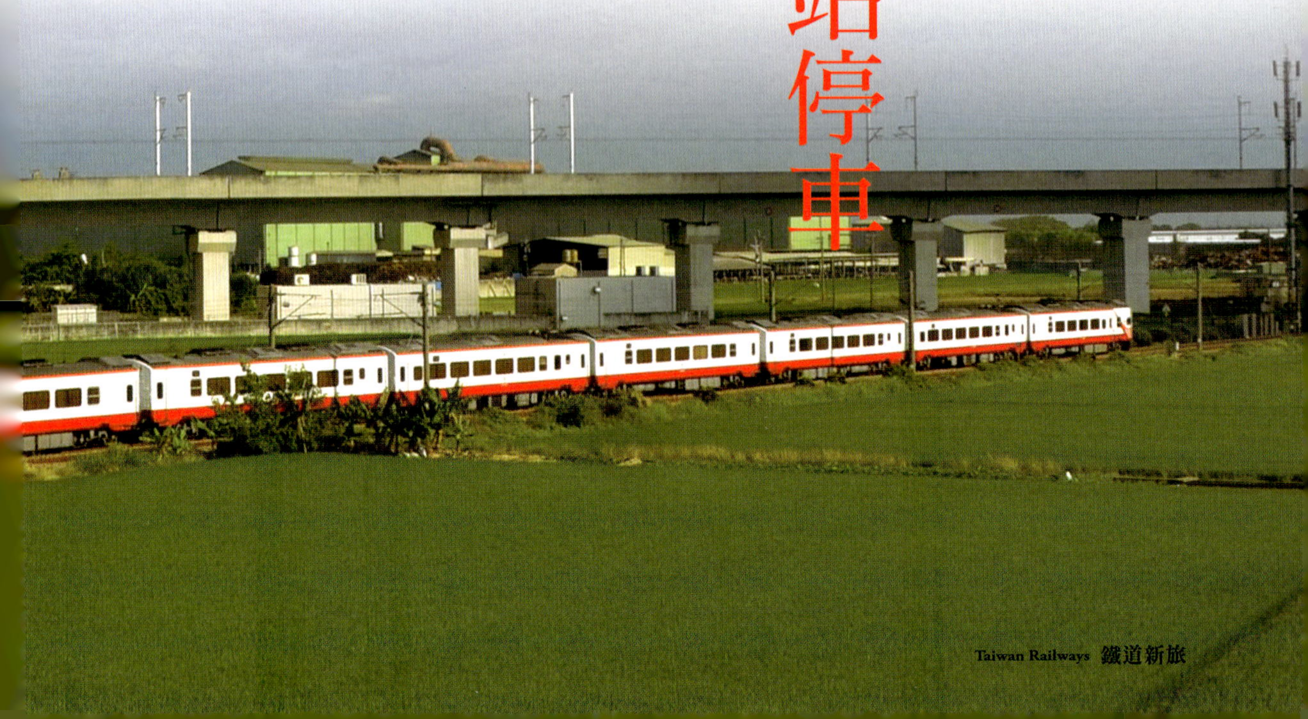

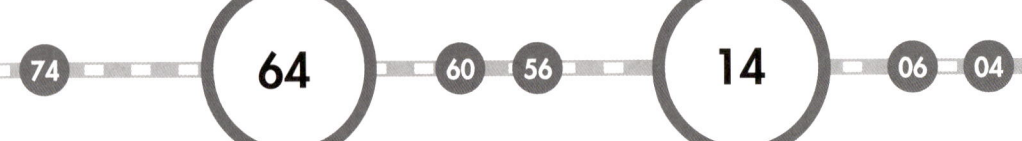

CONTENTS

台灣鐵路
縱貫線南段路線圖
鐵路
高鐵
N
全島位置對照圖
濁水溪
北港溪
朴子溪
八掌溪
臺中
大肚
成功
烏日
追分
大慶
臺中站
新烏日
彰化
花壇
大村
員林
永靖
社頭
田中
二水
源泉
濁水
龍泉
集集
林內
石榴
斗六
斗南
石龜
大林
民雄
嘉北
嘉義
北門
嘉義站
水上
南靖
後壁
竹崎
木屐寮
獨立山
樟腦寮
梨園寮
交力坪
水社寮
奮起湖
多林
十字路
屏遮那
二萬平
神木

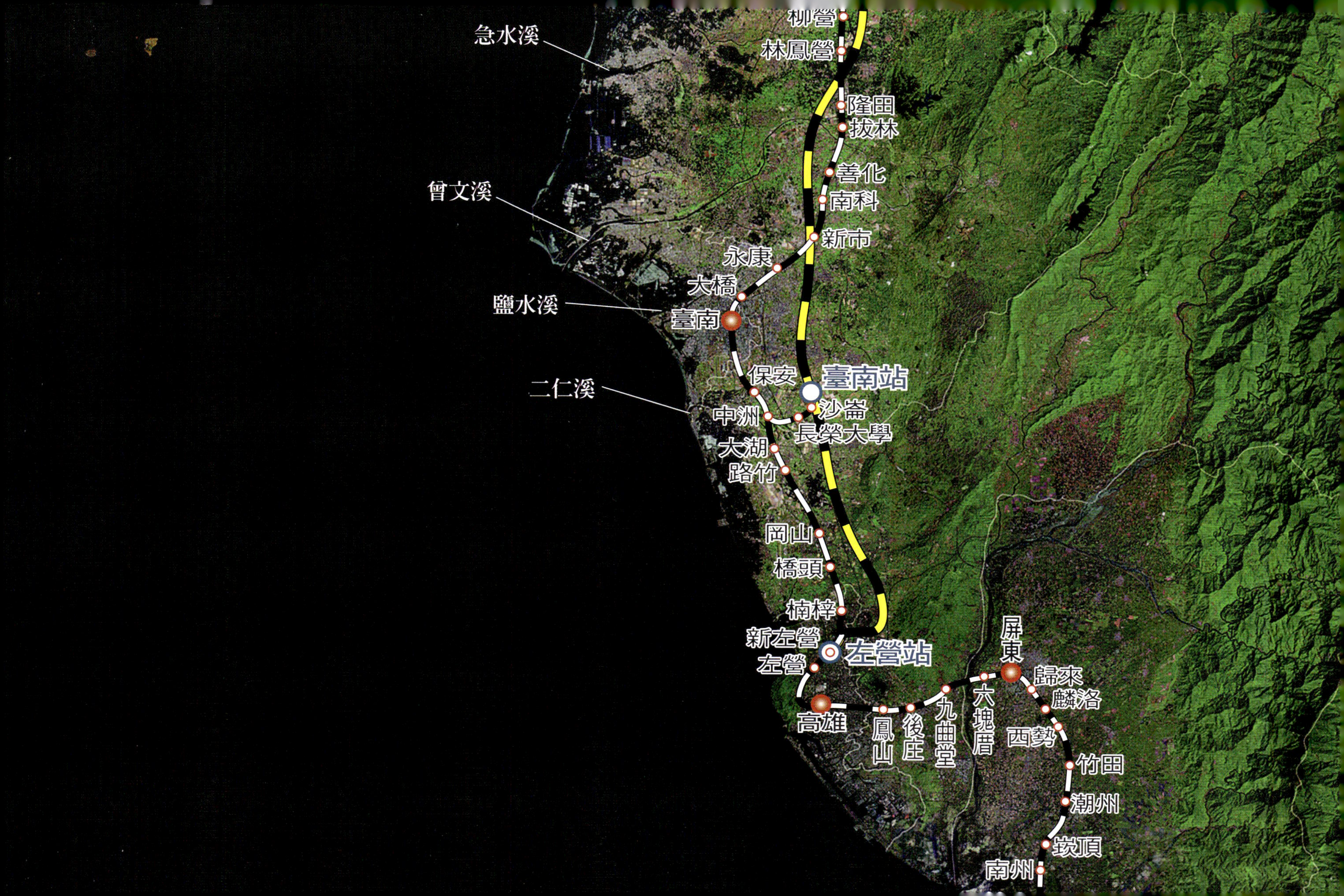
急水溪
柳營
林鳳營
隆田
拔林
曾文溪
善化
南科
新市
永康
大橋
鹽水溪
臺南
保安
臺南站
二仁溪
中洲
沙崙
長榮大學
大湖
路竹
岡山
橋頭
楠梓
新左營
左營站
左營
高雄
鳳山
後庄
九曲堂
六塊厝
屏東
歸來
麟洛
西勢
竹田
潮州
崁頂
南州

南部大平原間奔馳的現役車輛

縱貫線南段・現役車輛

文／吳文豪　攝影／呂孟原　邱柏瑞　姜昇佑　楊士弘

縱貫線南段也是台灣南北交通大動脈重要的一環，沿途的風光景色大多是一望無際的田野，早期許多車站甚至還有糖鐵與延伸到鄰近工廠的支線，為傳統產業貢獻了不少，但隨著與公路運輸的競爭，這些景象大多已不復見。一百多年來為台灣傳統產業與交通貢獻良多的縱貫線南段有哪些列車在行駛呢，讓我們一同欣賞其精采的身影。

↑ 常見的莒光號列車大多使用折疊門式的舊型車廂。

← 使用 **EMU300** 型來運行的自強號在縱貫線南段只在斗南以北才能見到，只有在週末的一往返。

↑ **EMU1200** 是由 EMU200 改造而成，俗稱為紅斑馬，目前在高雄以北每日有二往返運行，但因車況不佳，經常使用 PP 自強號代為行駛。

← 縱貫線南段經常可見的的主力推拉式自強號列車 (PP)，在南段皆可看到，這種車特別的地方在於機車頭是由南非製造，車廂則是由南韓及台灣製造而成。

⬅ DRC1000 型柴油客車為行駛支線非電氣化路線用的車種，端面與 DR3100 型自強號非常相似，在台中到二水間可見到其蹤影，側面大多有彩繪。

⬇ 觀光列車包含 51、52 次等，停站數都非常的少，幾乎和自強號差不多快，但與太魯閣及普悠瑪號一樣不允許無座旅客搭乘。

EMU600 型外觀與 EMU500 非常類似，但可由加速聲及側面電子終點站指示牌及不鏽鋼凸起線的數量來分辨，本車大多作為行駛沙崙線用，在嘉義至中洲間常可見到其蹤影。

南國限定風情畫

縱貫線南段・特殊列車

文／柯凱仁

正在高雄車站調度中的S200型柴電機車。（攝影／邱柏瑞）

⬆ 在電氣化區間內，還是可以看到由柴電機車頭牽引的散裝貨物列車。（攝影／邱柏瑞）

⬇ 在彰化與二水間，有時可以看到蒸汽機車的迴送。（攝影／邱柏瑞）

⬇ 高雄臨港線除了貨物列車以外，還有高雄機廠的通勤列車。（攝影／柯凱仁）

高雄北端的怪手，正行駛在軌道上進行施工。（攝影／呂孟原）

⬆ 高雄機廠檢修完成的客車，進行試運轉檢查是否有問題。（攝影／柯凱仁）

➡ 除了散裝貨物列車之外，偶爾也會有軍用悍馬車出現。（攝影／邱柏瑞）

⬇ 每天都會有一往返的行李包裹列車，肩負著運送行李與貨物的任務。（攝影／楊士弘）

縱貫線南段
各站停車

文／攝影 蘇棨豪

縱貫線南段，擺脫了自基隆開始便不斷纏綿的丘陵起伏，在南台灣的平原伸展著。彰化縣境內八卦山一脈相隨，跨越濁水溪後離山越來越遠，這段鐵路沿途穿越了台灣重要的農產地帶，時時可見列車被大片的田野包圍，從花卉、稻田、水果到甘蔗，滿佈的食品工廠及產業側線則串連其中，織出一幅經典的嘉南風景。這條路線同時也象徵台灣產業的發展軌跡，從農業地帶走過加工出口、重工業，乃至科技產業、商業地帶；走過傳統村落、古老府城，而來到高雄的現代都市，一路下來，其人文與歷史的醇厚滋味，也許早已超過了單純的車窗風景吧！

大村站。 攝影／姜昇佑

縱貫線
南段

一八七六年丁日昌原構思興建基隆至台南的鐵路，但一直到一八九九年才由台灣總督府進行「南部線」工事，一九〇〇年台南＝打狗（今高雄）通車，此後逐步向北延伸，一九〇五年彰化＝二八水（今二水）間通車，彰化至高雄間的鐵路也宣告完成。由於沿路主要是平原，全線沒有隧道，跨越各大河流成了施工中最困難的部分，鐵路也因此數次往內陸靠近以取得最短跨河距離，降低工程難度及經費。縱貫線的通車使得南台灣數個政經中心移轉至沿線車站周圍，但也有一些車站至今仍維持純樸風情。

花壇站南，列車後方是金墩米公司。 攝影／鄭帆評

彰化||員林

作為山海線南端的匯合點，在彰化站總是可以看到繁忙的列車到開，聽到廣播不斷提醒乘客不要坐錯了車，十足大站氛圍；彰化站更是列車南來北往的中繼站，大部分列車行駛至此都必須停車並更換司機員。海線完工後，有鑑於彰化作為山海線樞紐，在此建立扇形車庫，至今成為全台唯一保留者，同時也是彰化縣重要的古蹟。而在鐵路東方的八卦山上的大佛像，則是彰化最具代表性的景點。

列車自彰化往南，在八卦山麓相隨下來到花壇。花壇原名「茄苳腳」，源於此地過去茄苳樹茂生，日本時代改為日語發音近似台語「茄苳」的「花壇」。車站建築俐落的線條、長條石塊拼貼裝飾的站體立面，可說是十分有個性的建築設計；站外的市街則是過去「花壇街」所在。花壇過後田野旁斗大的穀倉，是著名的「金墩米」公司所在；再往南，位於鐵路旁的「台大蘭園」等花卉培育場，正說明了花卉是彰化縣的特色農產，並開拓不少海外市場，展現台灣農業新價值。大村站是彰化第一座捷運化車站，前站的大風車令人以為置身歐洲，後站卻是三合院、平房錯落的「台式」風貌；車站周圍則種著大村鄉特產巨峰葡萄，形成全台僅見，鐵路兩側被葡萄棚所包圍的獨特景觀。大村南邊的平交道在三十六年前曾發生重大事故，為紀念事故中喪生的十六名女學生，於花壇大村間建立淑女祠並立碑紀錄始末。

彰化站。

彰化八卦山大佛。 攝影／姜昇佑

田中二水間的窗景，八卦山脈近在眼前。

員林‖二水

員林乃人口僅次於彰化市的彰化第一大鎮，也是南彰化的中心，因此員林站停靠列車眾多，也曾是台糖「南北平行預備線」的起點站。在列車駛入員林站前，可以看見一旁正「長出來」的高架鐵路工地。站北高聳的員林鐵路穀倉是戰後穀倉建築代表作之一，見證台灣進出口貿易的起飛；高架化施工時甚至特別讓臨時軌繞過穀倉鋪設，造就了一段佳話。

往南過了員林大排，窗外又恢復成一片田園景觀。來到永靖站，由於遠離主要聚落，乘客並不多。從兩座簡單的月台放眼望去，蜿蜒的小路及兩三座古樸的三合院建築包圍著車站，一股鄉間風味油然而生。鐵路繼續往南穿越農田和樓房，來到素有「襪子王國」之稱的社頭。車站外甫整修完成，日本時代作為鐵路貨運辦公室的同仁社，現在掛上了台灣織襪文物館的招牌，展示織襪工業的脈絡、機具以及當地生產的襪品；車站外不遠另有一間台灣樂活觀光襪廠可供參觀。而社頭福井食堂以鐵道為主軸，從小店開始打拼，如今也已成為地方上有口皆碑的一處特色餐廳。

社頭繼續南下不久，高鐵自台鐵上方凌空跨越，往西望去可看到正在興建中的高鐵彰化站。再往前即來到田中。過去田中站可藉由台糖鐵路聯絡南彰化數個鄉鎮，今日站前的田頭水文史館就是將糖鐵車站遷建而成。中州路、員集路為市集所在，仍保留許多紅磚立面街屋。田中二水間往八卦山方向望去，受天宮就座落於松柏嶺的山頂上，如同鎮守著這片大地一般。

永靖站。

員林立庫，臨時線刻意從旁繞過。攝影／姜昇佑

田中站以及站前的田頭水文史館。

二水＝石榴

自員林開始，為了取最短距離跨越濁水溪，鐵路逐漸向八卦山靠攏，到二水站時山脈已近在眼前。二水站是集集線分歧點，使用一九三三年落成的老建築，與銅鑼、橋頭等站形式類似。北側不遠處展示著台鐵CT278及台糖345號蒸汽機車，一旁的親子公園前身乃日本皇親增澤深治所創之「增澤萬樹園」，當時引入許多熱帶果樹栽種，如今仍保留數株在公園內。二水之名源自八堡圳，乃彰化重要的灌溉系統，每年也都在此舉行「跑水祭」紀念開闢八堡圳的先人。

列車離開二水，一旁的集集線與縱貫線平行一陣子後往東離去，縱貫線則向右拐了個彎，開上濁水溪橋。橋上展望，濁水溪宛若巨龍奔騰；平時溪水不豐，河床上的卵石便成為硯台的最佳材料。到達彼岸前，西邊一座石碑立在舊橋墩之上，無語地訴說過往。列車過橋自國道三號下穿越不久，「林內石碴線」出現在東側，濁水溪沿線廠商送來的石碴經由側線運至林內，再送往

林內石碴側線。

福井食堂已成為社頭著名的鐵路主題餐廳。

社頭站外整修完畢的同仁堂。

全島鐵道路線敷設。林內為進入雲林縣的第一站，保留相當完整的半木造倉庫。林內是紫斑蝶北上時的中繼站，每逢四月紫斑蝶通過，總會吸引賞蝶人潮至此駐足。鄉公所對面的「林內神社」則是目前台灣唯一還留存二重「明神鳥居」的神社殘蹟，大型石燈籠、狛犬、落成紀念碑等的保存狀況也還算完整。

列車離開林內後再次鑽越國道三號，附近正是紫斑蝶北上通道，為避免高速公路車流造成傷害，每年四月都會在國道兩側架上防護網，並封閉外側車道。再往南就來到石榴站。石榴站因為石碴轉運需求而設立，現有站房於二戰末期興建，戰後進行擴建，最近整修完成，散發著濃濃的日本鄉間車站風情。

1933 年落成的二水站站房。

列車通過濁水溪橋。 攝影／姜昇佑

⬆ 二水站北展示的 CT278 以及台糖 345 號蒸汽機車。

⬇ 二水站可轉乘集集線列車。

石榴—石龜

石榴南的路段走在工業與農業的夾縫間，東側是斗六工業區的廠房及煙囪，黑松公司斗六廠亦在鐵路旁，西邊卻是一片片的稻田景觀。越往南兩側民宅漸增，隨後來到雲林縣治所在的斗六站。新穎的跨站站房擁有扇形售票口、大面積自然採光等新設計，月台上的水果造型座椅、裝飾燈箱等，展現雲林縣為農業大縣的特色。車站附近的太平路是斗六老街所在，兩側建築立面雕飾花樣萬千，十分精彩。

斗六站出發不久，鐵路自雲林縣政府前通過；再往南，西側出現了熟悉的味全商標，乃味全公司的斗六總廠。跨越石牛溪後，列車進入斗南。過去斗南站藉由糖鐵連絡斗六、虎尾、西螺等地，甚至有糖鐵火車直接開過站前的奇景；今日僅由廣場的糖鐵車頭裝置藝術來象徵這段往事；站北鐵路穀倉和員林穀倉並列台灣唯二戰後立庫穀倉，凸顯斗南站農產轉運站之地位。此外斗南站為日本在台最後的大型車站作品，隨著建築風格的轉變及戰爭後期物資漸乏，建築線條變的精簡，但仍帶有和風；站內台鐵最長木椅、行車室旁以砲彈殼做成的開車鐘等也是車站的特色。

離開斗南，在水稻田包圍下，台一線再次回到鐵路旁併行，經過味王公司醬油工廠，隨即進入石龜站。位於稻田之間，以田邊道路聯外的石龜站運量稀少，僅留下空殼般的站房和搶眼的白色天橋，在田野之間天橋有如地標；也正因其濃厚的小站氣氛，讓它一度躍上電影大螢幕。天氣晴朗時，則可在車站天橋向東眺望草嶺、阿里山山脈。

斗六站月台的水果造型椅。

1945 年落成的斗南站站房。

斗六太平老街。

⬆ 掛在斗南站月台行車室旁的砲彈殼鐘。

⬇ 斗南站內的木造長椅。

⬅ 一片平野中石龜站的白色天橋相當醒目。

⬇ 被稻田包圍的石龜站。

嘉義縣表演藝術中心。

民雄劉氏古厝。

石龜—嘉義

列車自石龜開車通過石龜溪，進入嘉義縣，逐漸接近大林。石龜溪邊原有糖鐵穿越縱貫線，目前整理為大林自行車道的一部分；再往前，即可見聳立的大林糖廠煙囪。大林的發展和糖廠息息相關，但近年產業轉型，糖業逐漸沒落，糖廠停工後改為台糖生技中心；人去樓空的宿舍區仍維持古樸原貌，沒有太多的遊客及商業氣息。經過糖廠後，糖鐵從廠內彎出，和縱貫線一起進入大林站。現在的大林站是台鐵首座綠建築車站，即便在候車室也能感受陽光及徐徐清風，外觀則採原木色及綠色為基調，視覺上相當舒適與自然；大林站東側是熱鬧的市集所在，西側的慈濟醫院大林院區和南華大學則為大林重新帶來人流，新車站建為跨站式，方便旅客來往前後站，並平衡東西發展。

出站往南穿越台一線，不久後抵達民雄。幾乎和大林站同時改建的民雄站，採用類似的綠建築設計，外觀則相當有現代感。民雄站外，滿滿的鵝肉店占據了街道，此乃由站前一間鵝肉店開始發展出來的特殊景象；站前不遠，大士爺廟與慶誠宮隔著馬路相望，是地方上歷史悠久的信仰中心。

自民雄站南下，窗外所見壯觀的仿閩南風格建築群，是為嘉義縣表演藝術中心，除了園內景觀瑰麗之外，亦有各種活動以及劇團演出；而在另外一邊，有「民雄鬼屋」之稱的劉氏古厝隱藏在田野之中，被樹根所盤踞的樓房宛若古堡，各種傳說倒也引起許多人前往一探究竟的興趣。通過牛稠溪後，即抵達因應捷運化所設立的嘉北站，除了地方通勤，也就近服務前往嘉義基督教醫院的民眾。

大林糖廠宿舍區中人去樓空的理髮廳。

新舊並存的大林車站，新站乃為綠建築設計。

嘉義車站是日本時代經典車站之一。

嘉義—南靖

開往嘉義途中，錯落的木材廠以及木造老屋透露出過往木材輸運大站的味道；近年林務局在鐵路東側設立「森林之歌」公共藝術，並整修鄰近的動力展示館、林鐵北門車站、車庫等，整合成「阿里山林業村」及「檜意森活村」，重新詮釋過往的林業資產。經過陸橋，林鐵自東側匯入，嘉義站就到了。嘉義站曾是「三鐵共構」車站，林鐵、糖鐵在此匯集；然糖鐵早已停駛，林鐵列車則於一月台東北側發車。嘉義前站是日治後期「過渡式樣」建築，線條簡潔而較少裝飾。前站南側的嘉義酒廠，遷廠後原址規劃為文創產業園區，園區對面則是甫整修完畢的嘉義公賣局；噴水圓環以及文化路商圈亦在站前不遠處。嘉義後站座落於早年糖鐵車站的位置，已整建為先期交通轉運中心，後站北側則是以舊有的倉庫區及貨運月台闢建的「嘉義鐵道藝術村」，除做為藝術展演空間外，也常見當地居民至此遊憩。

列車往南離開嘉義市區，經過

鐵路旁的大型公共藝術「森林之歌」。

自嘉義發車的林鐵列車。

圓盤造型的「太陽館」時，就穿越北回歸線進到熱帶區域；過去的「北回歸線」站座落於太陽館南側，掌控中油嘉義溶劑廠線的列車進出，在該支線停駛後站房被閒置，溶劑廠線則改為自行車道。未來北回歸線站也許會以通勤站姿態再度復活。

列車持續南行，進入水上站。日本時代在此設立的水上站，後因糖廠運輸需求遷往南靖站現址，戰後才在舊址復站，並將遷至糖廠旁的車站改名為南靖。雖然鄰近水上鄉行政中心，但入口藏身巷弄間且只有區間車停靠，平常氣氛倒很悠閒。離開水上後，在台一線旁可見甫開放參觀的白人牙膏觀光工廠，透明化的生產流程頗受好評。再往南穿過快速道路底下，並跨越原糖鐵涵洞後，就到達南靖。

水上站。

北回歸線標以及太陽館。

隱身樹叢中的北回歸線站。

嘉義文化路商圈。

南靖=新營

今日南靖站房落成於一九四三年，站體外型樸素，而候車室內的木造長椅、保留至今的舊售票口以及木頭欄杆，都讓站內顯得十分古色古香。車站外即是南靖糖廠，除規畫有休閒廣場、賣場之外，也是台糖主要的蘭花展售中心；糖廠內部兩根煙囪矗立，幾年前製糖期間還可看見濃濃白煙，將甜味灑落在四周空氣之中，可惜目前已暫停運轉。糖廠連絡鐵路自南靖車站南邊匯入，但也因久未使用而陷入一片荒煙蔓草之中。

火車離開南靖站，就開上八掌溪橋，車窗東側可見「八掌溪水道橋」，乃是嘉南大圳最北邊的水道橋，宣示著台灣最大的糧產區嘉南平原的地盤。過橋後進入台南市（原台南縣）。一望無際的水稻田在眼前展開，此乃嘉南平原的經典風光，將陪伴在列車左右好一陣子。繼續前進，當台一線化為紅色的巨龍自右方騰起跨越鐵路後，便抵達後壁站。後壁是著名電影「無米樂」拍攝地「菁寮」所在，也是「冠軍米」

古樸的南靖站。

南靖站內仍保留舊有的售票口及欄杆。

八掌溪橋。

幾年前仍在運作的南靖糖廠。

後壁北邊的田野景色。

的產地，站前也立了四位電影主角及一頭牛的塑像。在菁寮老聚落、菁寮國小及菁寮天主堂等地亦有不少特色建築以及濃濃鄉村風味。後壁站是於一九四三年重建的木造建築，為日治後期木造車站的代表，外觀為雨淋版及洗石子基座構成，因適逢戰時資源逐漸緊張，設計上一切從簡；直接由屋頂斜下「一體成型」構成的三面迴廊也是其特色。

後壁站南邊，鐵路又再一次被廣大的水稻田包夾，後壁「米倉」之說不脛而走；其實後壁區是全台稻作面積比例最高的地區，其稻米產量也是全台數一數二的高，冬季時做為綠肥作物的大片油菜花田更是引人注目。再往南，高鐵自右方橫跨過來，此為高鐵在台南市內三次跨越縱貫線之初。待水稻田景色暫告段落，列車就進入新營車站。

菁寮天主堂。

⬆ 新營站南側已停用的古老號誌樓。

⬇ 後壁站及站前的無米樂雕塑。

幽靜的林鳳營站。

新營||林鳳營

早年新營靠著縱貫鐵路經過以及糖業發展，取代了西側的鹽水而成為台南溪北地區中心，除了有公路客運聯絡周邊鄉鎮外，過去亦有三條糖鐵路線匯集，車站留有一座號誌樓見證列車匯集、調度的歷史。台鐵車站西南側可見到白色的糖鐵車站，站場也被整理為草坪；糖鐵路線往西南彎進新營總廠，該處目前仍經營由廠前的中興站開往柳營八老爺農場的觀光列車。以蜂炮聞名的鹽水則是台灣最早的漢人市街之一，也是「意麵」的發源地，過去曾因月津港的貿易繁盛一時，留下了八角樓、鹽水武廟等古蹟，以及相當深厚的歷史韻味及人文風華。

列車出站往南通過急水溪橋，左邊是奇美醫院柳營分院自一片平原中拔地而起，醫院旁即為太康綠色隧道，再往南不久來到位於聚落邊緣的柳營站。柳營站出入人次不多，但奇美醫院的設立帶來新的氣象。柳營南邊，台一線向西遠離，鐵路又進入一片曠野之中，在跨越溫厝廍溪處左手邊一公里左右有「德元埤荷蘭村」興建於德元埤畔，乃近幾年新興之生態觀光景點。

過溪之後列車持續在稻田中行進，待看到鐵路兩側出現穀倉，就抵達林鳳營站。興建於一九四三年的林鳳營站外觀和後壁站幾乎相同，有出於同一張設計圖的說法，也同樣被列為歷史建築。然而相較於後壁，林鳳營站周遭顯得幽靜許多，紅屋瓦磚房及站前小圓環休憩的三兩居民勾勒出一幅鄉間小站的風景。

放學時分的柳營站。

⬆ 新營糖廠中興站待發的觀光五分車。

⬇ 柳營北邊，後方是奇美醫院柳營分院。

林鳳營隆田間和高鐵交叉。

隆田菱角田採收一景。

林鳳營‖善化

列車南下出站，穿越著名的林鳳營牧場，高鐵橋則自左逐漸接近，並再次跨越縱貫線向西而去。此時，錯落的菱角田開始穿插在列車左方窗景，右方則貼上官田工業區圍牆，從中鑽出一條側線與縱貫線並行。隆田站房建於戰後，但黑瓦斜頂及木造窗框仍帶古意，在超商大舉攻佔台鐵車站的今天，站內的民營販賣部也顯得懷舊。隆田也曾藉由糖鐵聯繫麻豆、佳里，站南仍可見成排的台糖倉庫，只是糖鐵式微後一切都成過去，站前的糖鐵隆田站也在幾年前拆除。車站南方有由原台鹽轉運站及辦公廳舍改建的「隆田考古資料展示館」，陳列石橋、南科國小等遺址的文物與考古搶救過程。

離開隆田之後，列車自川文山的西側通過，山上有由果園改闢的小森林，成為附近居民的休憩場所，原位於拔林站的「重建曾文溪複線大橋紀念碑」，因再次改建曾文溪橋用地所需，也遷來此處。

在廟前拐個彎，列車就來到

⬆ 切換在即的曾文溪橋，舊橋是台灣現存最長的鋼桁橋。

⬇ 自川文山旁通過的列車。

拔林站。拔林是位於曾文溪畔的小村落，以芭樂林得名，但車站周圍反而是由許多芒果樹圍繞著。隨著新曾文溪橋改建工程的完成，拔林車站東移，舊有的站房拆除，月台也隨之改建。一出拔林，列車馬上進入甫完工的曾文溪橋新橋，若能見度夠好，向東望去，玉山群峰、大小關山清晰可見。一旁曾為全台最長鋼樑橋之舊橋退役後，過橋時那鼓動人心的轟隆聲響也許只能夢中去尋。

南科站。

善化‖永康

通過曾文溪橋之後，列車穿過玉米田及鴨寮進入善化站。古蹟慶安宮的周邊是老善化街所在，聚集小吃及老屋；北邊則有紀念史稱「開台文獻祖師」，台灣漢文化開拓者沈光文的「沈光文紀念碑」。市區外的善化糖廠曾帶動善化地方發展，是全台少數仍在製糖的糖廠之一。

善化新市之間原是田地，隨著南科園區的規劃而廠房林立，並有許多聯外道路，南科車站就設在「西拉雅大道」的跨線橋下。除了呼應站名的科技感設計，也首創在車站屋頂以及月台雨棚構建太陽能板，提供車站用電所需；南科各廠商也開行接駁車往來車站與園區之間。

離開南科站，穿過田野以及市區，就來到新市站。新市站位於市區邊陲，但出口正對著新化，因而成為新市、新化兩地的入口車站。新市站南可看到高鐵高架橋跨越，這也是高鐵與台鐵在台南境內第三度交叉。新化原是西拉雅族新港社所在地，荷蘭據台時曾有繁盛的海陸貿易，並將新港社的語言以拉丁文紀錄，留下「新港文書」等重要平埔族文獻。今日新市則因南科的設立，產業結構從農業逐漸轉變中。

列車駛出新市，鑽過高鐵、台一線以及國道八號底下，通過鹽水溪，兩邊出現大量的工廠，其中台一線旁「我愛馬口鐵罐」的斗大標語令人印象深刻。再往南便抵達永康，位於眾多食品加工廠旁的永康站原以貨運為主，但隨著鐵路貨運萎縮，幾乎已無貨物列車運行；相對的，因台南市衛星城鎮的發展效應，客運量持續攀升，至今已有不少對號列車停靠，二○○○年的一則汽車廣告更使得「永保安康」紀念車票大紅，為本站帶來可觀的額外人潮與收入。

善化慶安宮。

善化站北的沈光文紀念碑。

南科迎曦湖風光。

鐵路旁工廠廠房上「我愛馬口鐵罐」標語。

高鐵在新市站南跨越台鐵。

台南站。

永康‖台南

離開永康，穿越國道一號底下後，右側是大片的工廠，逐漸被住宅取代；左側的砲兵學校則讓樓房林立的市區出現難得綠地。從旁通過南台科大之後，就來到位於台一線跨線橋下的大橋站。大橋站是南部首座通勤車站，站房、月台的設計與用色十分活潑。位於人口密集區，加上奇美醫院與眾多學校的加持，大橋站進出人次在台鐵所有通勤站中僅次於汐科站。在奇美醫院南側，聚集了許多小吃店家與攤商，到了晚上就如同夜市一般。

離開大橋站，進入原台南市的範圍。從學校與住宅之間穿越，最後列車在左側藍綠色大遠百大樓注目下，緩緩滑進台南站。台南站是台鐵「最西邊」的車站，今日站房落成於一九三六年，比年代相近、同為過渡式樣建築的嘉義站有著更華麗的雕飾裝潢；車站二樓原設有餐廳以及全台唯一的站內旅館，亦是日本時代台灣鐵道飯店的唯一分店，可惜都停業多時。除站房本身，第一月台以及全台最大跨距的月台雨棚

大橋站南，未來台南鐵路地下化將從這裡開始。

台南站內大廳。

台南站第二月台的加水塔。 攝影／古庭維

亦被指定為古蹟保留，第二月台則有蒸汽機車加水塔。台南市是台灣著名的古城，除了赤崁樓、安平、孔廟、民生綠園等眾多古蹟、文化園區及小吃景點之外，更有以許多老房子修繕再利用的特色商家，企圖讓懷古、悠閒的氣氛徹底融入生活；後站則做為東區的出入口，鄰近的成功大學周邊除了是台南重要學術區，也常有當地居民把校園當作大公園來散心、休閒。在未來，自大橋車站南端起，台南站將隨著周邊的鐵路一起地下化，屆時將又會是完全不同的風貌。

台南＝保安

台南站出發後，隨即通過建於日本時代的「壽陸橋」，陸橋東南側是昔日糖鐵台南站所在，仍保留零星月台痕跡。再往南，通往府城大東門的東門陸橋跨越處，則留有東門站低矮硓咕石月台與候車亭基座的遺跡。接下來列車緊鄰民宅間穿越，突然景色豁然開朗，進入糖試所土地。空地右側可見一棟在樹叢間的古樸建築，即為早年負責空軍貨物運輸的南台南站，站房為戰後初期建築，仍帶有和風元素，目前出租給民間業者經營。未來台南段鐵路地下化將於此站出土，南台南將「復活」為通勤站，並在本站與台南站間新設「林森」站。

在南台南站的南邊，戰前所建糖業試驗所廳舍座落於生產路旁，平日有專人導覽；每年初春更化為大片花海，吸引許多遊客。接著鐵路遠離台一線，直到仁德糖廠高聳的煙囪出現在眼前，穿越台八十六的紅色鋼拱橋底下後，保安站就到了。同樣因永保安康聲名大噪的保安站原名車路墘，一九〇九年配合

1928 年落成的木造保安站站房。

在每年初春上演的生產路花海。

仁德糖廠。

舊保安站長宿舍。

車路墘製糖所（今仁德糖廠）運輸需求，從南邊一．五公里處的舊址移至現址營運，今日的站房落成於一九二八年，以阿里山檜木為建材，玄關裝飾、屋瓦各具特色，車站以及周邊環境都散發著古典而恬靜的氣氛。來到這裡可細細品嘗老站房以及車站北方舊站長宿舍等木構建築的美，然後到仁德糖廠吃個冰享受悠閒午後、參觀糖廠內的十鼓文化園區或奇美博物館；往南的車路墘教會則有台灣首座Holocaust（猶太人屠殺）紀念館可參觀。

曾為著名攝影點的中洲北彎道。

保安＝路竹

從保安南下，通過昔日糖鐵路線上方後進入魚塭之間，魚塭旁幾棵椰子樹為平原景色增添了些許熱帶風情。魚塭南邊，位於工業區旁的仁德站正好座落在「車路墘」站舊址，距離市集較近，未來應能紓解保安站的通勤需求。離開仁德站及工業區，鐵路在田邊緩緩右彎，往東望去，大小崗山浮現眼前，偶爾還能看到更後方的北、南大武山。隨後列車穿越陸橋與民宅，進入中洲站。原為小站的中洲站因成為沙崙線的分歧點，重新整建為仿閩南建築的新站房以及寬大的三座月台，其中第三月台因銜接高架沙崙線的關係而比另兩座月台「高人一等」。中洲站近年受惠於長榮大學學生進出，為車站及聚落帶來不少人潮，也有許多學生宿舍在此出租。

自中洲站南下，沙崙線以立體交叉跨越縱貫線向東而去，縱貫線則通過二層行溪（二仁溪）橋，建於日本時代的雙線鋼樑橋即將被一旁的新橋取代。過橋後便從台南市進入高雄市，列車首

建於日本時代的二層行溪橋。

保安站南的魚塭鐵道風景。

先通過糖鐵阿蓮線跨線橋橋台間，再鑽過台二十八跨線橋來到大湖站。大湖站建於彎道上，二月台因數次墊高使得遮雨棚似乎特別低矮。車站東南側有側線進入的「昱慶實業」，乃台鐵委託進行貨車改造及保養的廠商，也因此常見許多貨車停放於大湖站內。

離開大湖，台一線再次回到鐵路旁，不久就進入路竹的主要市區，但需再往前一段路才會抵達車站。目前的路竹站房建於一九六六年，造型倒和鄰近的橋頭舊站房十分相似。大湖和路竹站周邊都有不少穀物加工廠以側線連接車站，但近年已少有列車運行。路竹站是台南和高雄都會區的交界，從此站往南將漸漸進入高雄市的影響範圍之內。

路竹‖新左營

過路竹之後，可見西邊的高苑科大及高雄市自然歷史教育館，更後方則是以生技醫療產業為主的南科高雄園區。再往南，平交道旁可見過去三埤站低矮的月台殘跡。穿過一片螺絲及鋼材工廠後，昔日往舊岡山站的路線跡往西側離去，現有岡山站則為配合都市計畫東移的結果。舊岡山站為台鐵最後的大型木造車站，遷站後還在保留與否爭論之際即遭祝融肆虐而付之一炬。以羊肉料理及「螺絲王國」聞名的岡山是台南高雄間最大的聚落，北高雄的工商業及交通中心，因此讓岡山站擁有不少旅客進出。因應左營站降等及高雄港站裁撤，軍事運輸以及貨車調度也都移到岡山站進行。

南下之後，高雄捷運北機廠及南岡山站出現在西側，捷運路線和台鐵並行進入橋頭站。當初為橋頭糖廠運輸設立的橋頭站，如今則和高捷以嶄新共構車站服務旅客。一九三五年落成的舊站房則原址保留，改為公車候車室及展示空間。橋頭糖廠則成為文化

觀光糖廠，並開行觀光五分車，和高捷、台鐵形成另類「三軌並行」區間；糖廠旁的橋頭老街則有許多特色小吃，讓遊客流連忘返。

繼續南下，高捷跨越上方西去，鐵路稍後右彎繞過楠梓油庫抵達楠梓站。楠梓是高雄衛星市鎮之一，過去因煉油廠與加工出口區而繁榮，近幾年更隨著產業轉型、新大專院校設立、捷運通車與都市重劃而加速發展。

離開楠梓站過後勁溪，煉油廠大片的油槽及鐵塔出現在眼前，緊接著又變成半屏山下的水泥廠，淋漓盡致展現高雄重工業景色。在停止開採並綠化後的半屏山旁，高鐵高架橋自左彎來，緩緩降至台鐵與高鐵車庫之間；右側則是負責南迴線車輛整備的機九調車場，車窗左右呈現被鐵路及各式列車包圍的大陣仗，而前方就是碩大的新左營車站。

高苑科大前的列車。

橋頭站，舊站房以及後方的高捷車站。

橋頭糖廠南邊台鐵、糖鐵、高捷「三鐵並行」。

岡山站南，後方是高捷南岡山站及北機廠。

壯觀的新左營站。

新左營─高雄

新左營站是高鐵、台鐵、高捷三鐵共構車站，也是南迴線列車主要始發站，並連結國道十號，使新左營站成為大高屏地區新轉運樞紐，周邊的住宅、百貨商圈也蓬勃發展。自新左營站至鳳山間，高雄鐵路地下化的工程正如火如荼的進行，未來這段車窗風景將劇烈改變。

列車出站之後，便被夾在蓮池潭與高雄原生植物園之間，造型特殊的自行車道自上方跨越；經過蓮池潭入口牌樓後就抵達左營站。左營站原為軍區人員物資的進出站，隨著新左營站啟用，左營站降為只停區間車辦理客運的簡易站；出站沿著車站對面的道路走一段就是清代鳳山縣「舊城」所在，城門城牆、城隍廟等都是久遠歷史的見證者。也可爬上龜山眺望左營周邊風景。離開左營後，西側是國宅及內惟舊聚落，東邊卻是美術館周圍的新興豪宅，如同被鐵路一刀分隔的兩個世界。再往南貼近壽山時，原負責高雄港線列車進出的鼓山站默默矗立，隨著高雄港站裁撤，

高雄鐵路地下化施工中。

高雄站舊站房。

本站也暫時「休眠」。隨後列車拐過愛河橋，在高雄站西邊不遠可見整修完畢的木造三塊厝站房；在地下化完工後，包含鼓山、三塊厝，將新增數個通勤車站。

高雄站是縱貫線的終點，南方港都入口車站。列車的到站、發車與調度曾是站內再熟悉不過的風景。一九四一年興建的帝冠式舊站房為高雄人的記憶玄關，目前暫時移置一側，待地下化完工後將移回原處。車站周邊主要是商業地帶，例如電子街、三鳳中街等。高雄可說是因港興起的城市，沿著港口周邊有充滿歷史風味的哈瑪星地區；作為藝文展示場的駁二特區；以海鮮而聞名的旗津；漢神百貨、三多商圈、夢時代等主要商場等等。此外藉由捷運和未來將加入的輕軌，可連接更多的景點以及商圈地帶。

⬆ 通過愛河的列車。

↖ 高雄站內的列車調度作業。

⬅ 修復的三塊厝站站房。

⬇ 三鳳中街一景。

DHL116

三塊厝

縱貫線南段嚴選必遊車站①
被遺忘的鄉村小站

平原祕境—石榴站

文／攝影 古庭維

縱貫線南段行經平原區，沿途甚少有崎嶇地形，但是，依然有難以到達的祕境車站。擁有美麗名稱的石榴站，乘客稀少，早已降等為無人招呼站，車站遠離聚落，聯外道路受農田、工業區、聚落走勢影響，左彎右拐，若沒有隨身攜帶地圖，大概難以順利覓得。當地人仍稱此地為石榴班，這個名字與水果無關，而是來自原住民的語言。石榴站擁有一座木造站房，去年才整修完成，連同站外的職員宿舍一同列為歷史建築。此站的設立，主因在石碴場，然而此機能結束之後，車站地位大不如前。如今站內有兩座月台，僅存兩條軌道，樹叢間藏著戰備用鋼樑，過去的規模依然可以感受得到。

↑ 石榴站外綠樹成排，有濃濃的鄉村風味。

整修完成的石榴車站。

站外成排的高大綠樹。

石榴站僅有區間車停靠。

建於 1943 年的木造站房。

縱貫線南段嚴選必遊車站②
遠離省道就是好車站

農村活力—林鳳營站

文／攝影 古庭維

十多年前，林鳳營還是個沒沒無聞的小地名，就在以此為名的鮮乳上市之後，一般人才對這個名稱有了印象。林鳳營位在台南六甲，其實就在縱貫鐵路、公路經過的交通要道上，但目前公路主線已經不再進入聚落。建於一九四三年的站房，候車室、行車室、辦公室格局完整，候車室三面開門，採光、透風良好，這是熱帶車站建築的特徵。每當區間車停靠時，站前總會出現許多送迎旅客的摩托車，在木造車站的襯托下，流露著農村裡溫馨的寧靜感。在五月和十月稻作收割的季節時，滿載稻穀的拼裝卡車在站前排隊，等待進入碾米廠，更是其他各站難得見到的景象。

候車室寬敞、通風。

稻作收成的季節，拼裝卡車排隊進入碾米廠。

車站的宿舍遺跡。

環島鐵路入山玄關車站

曾文溪南的農產品轉運據點
善化站

文／攝影 古庭維

說起山地鐵道，很自然腦海裡就浮現三大林場的身影，小火車在蓊鬱森林中穿梭的模樣。或許阿里山鐵道聲名遠播，讓我們有了刻版印象，也可能因為，其他的山地鐵道，實在是消失得太無聲無息了。

因為公路與捷運發達而改變的交通動線

南下的列車，跨過縱貫線南段第一大橋—曾文溪橋之後，便來到了善化。自古以來，善化就是農業中心，善化牛墟是台灣最後的三處牛墟市集之一，而善化糖廠則是台灣最後兩座糖廠之一。即使火車站的鐵路穀倉早已停用，寬闊的站區顯得有些蕭條，甚至在南科廠房日益增多的情勢中，善化還是保持著相當的農業本色。

午後的善化站。

這座停車場原本是五分車站。

善化站內的空襲避難圖還留著往玉井的鐵道。

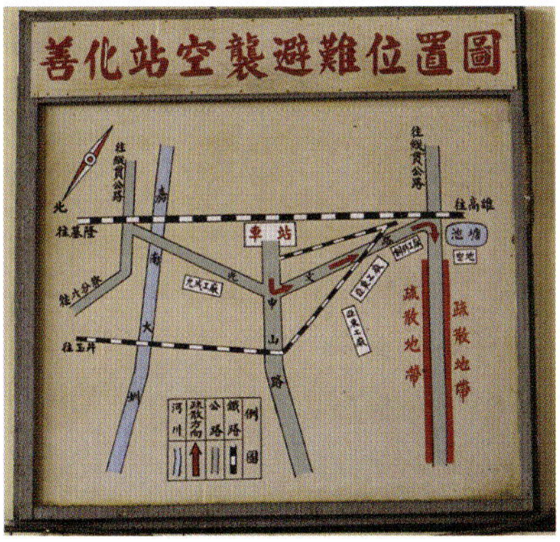

善化站還留有一座鐵路穀倉的遺跡。

善化糖廠原稱為灣裡製糖所，一九〇九年起隸屬於台灣製糖株式會社。台鐵善化站外的停車場，其實原本是糖廠鐵道的車站，低矮的月台最終遭到夷平。幾十年前，除了可以由此搭小火車到糖廠，還可以搭到玉井！從善化經過新化、左鎮到玉井，穿過了包括惡地地形在內的崎嶇地勢，鐵道路線長達近三十公里，更可繼續通往楠西一帶；雖然高度爬升不及林業鐵道，其規模卻足以在台灣鐵道史佔有一席之地。在日本時代，玉井製糖所隸屬於大日本製糖，並未與灣裡製糖所的鐵道銜接，這條「玉善線」在一九五四年正式通車後，玉井糖廠終於有了聯外路線。

三十公里的路程，如今只剩零星的遺跡，其中屬左鎮車站最為完整，而小火車載著砂糖、芒果、香蕉的農村景色，只能深藏在美好的想像裡。

⬆ 玉井是全台灣最知名的芒果產區。

⬅ 玉井糖廠的車庫遺跡。

⬇ 左鎮車站是玉善線最完整的遺跡。

➡ 左鎮車站附近的
橋台遺跡。

鐵道絕景之旅

平緩地勢中暗穿插著繽紛色彩
天寬地闊的縱貫線南段

文／攝影　古庭維

從彰化到高雄，縱貫線南段穿過台灣最主要的農業區域，途經古都台南，最後抵達工業重鎮高雄市。在這段地勢和緩的平原區，完全沒有山脈阻隔，東西走向的河川是僅有的天然屏障；除了每一座河床不同的地形風貌，幾座鐵橋也是珍貴的古蹟，橋樑景觀當然成為鐵道風景的一大亮點。景色看似沒有太多變化的平原裡，一塊塊的農田又成為大地彩妝師，在不同季節展現多變的色調，讓旅客看見台灣生命的原動力，為旅途增添許多趣味。

在豐收的季節，搭火車時常可以欣賞到的農忙景象。

長達 717 公尺的曾文溪二代橋已走入歷史。

只能成為追憶的曾文溪鐵橋

行經平原地帶的縱貫線南段，雖然沒有山脈的挑戰，沒有困難的坡度妨礙運轉，但幾條寬大的河流依然增加了工程的難度，也成為路線的重大瓶頸。例如縱貫線南段最長的濁水溪橋，當年因為較晚通車，乘客一度還必須下車渡河接駁；為了爭取減短橋樑長度，路線還往東邊繞行。進入嘉南平原，最大的地形障礙就是曾文溪，鐵道若要往上游繞行實在太遠，只好在下游處直接挑戰。

第一代曾文溪橋在一九〇四年通車，受限於經費，橋樑載重能力較差，但以當時使用的車輛來說堪稱綽綽有餘。直到戰後的一九五〇年代，由於美援經費來到台灣，曾文溪橋得以改建為複線大橋，於一九五三年通車。相較於西部幹線其他大橋，算是很晚才「第一次」改建。但也因為這樣，當一九八〇年代「五座重要橋梁重建」和「二十四座老舊橋梁重建」鋪天蓋地而來之時，曾文溪鐵橋正值壯年，也繼續留

⬆ 曾文溪二代橋是台鐵最「年輕」的複線大鐵橋。

⬇ 由左至右為二代橋、一代橋及最新的三代橋。

⬆ 拔林車站位在二代橋的北端。

用而成為台灣的大鐵橋之一，長度超過了七百公尺。

曾文溪橋位在拔林與善化兩站間，拔林站月台末端即是鐵橋北端，原先在此矗立著鐵橋通車的紀念碑，以紀念美援經費的挹注而改善的路線瓶頸，但由於工程的關係，紀念碑已被移至拔林車站附近的川文山上。這座鐵橋的結構完好，承重能力毫不遜色，鐵橋的檢修、保養亦不困難，卻已在二〇一三年六月底走入歷史。由於防洪標準履新的關係，老橋被迫退休，但新建的水泥大橋卻因遭逢包商倒閉，竟然花了十年才完工。過程中第一代橋僅存的殘跡被指定為歷史建築，而極具紀念價值的二代鐵橋仍未獲此待遇，若相關單位再無積極作為，或許不久的將來，就會以水利或防洪相關的理由拆除。

⬆ 重建曾文溪複線大橋紀念碑今貌。 攝影／姜昇佑

⬅ 漁塭與椰子樹構成一幅南國風情。

南國風味的漁塭與椰影

台灣的南北向長度雖然僅有三、四百公里，但橫跨熱帶與副熱帶的特殊地理位置，加上季風帶來的雨水，仍然造就南部與北部不同的風貌。來到南台灣，最具熱帶風情的景物，大概就屬結實纍纍的椰子樹與一池池波光粼粼的漁塭。隨風搖曳的椰影，和魚塭中白色的水花，無形中也讓燠熱的空氣中帶來幾許涼意。這樣的南國情調，常讓人立刻聯想到屏東線的風景，但是在保安站的南邊，鐵道穿過一大片魚塭，幾株椰子樹點綴其間，加上縱貫線的班次密集，拍攝機會很多，因而成為鐵道迷心目中的重要名景點。

這一片魚塭位在保安站與仁德站之間，可由保安路二段或是奇美博物館附近的中正路進入。提起台南的漁塭，虱目魚大概是難以抹滅的印象，但事實上，除了虱目魚之外，白蝦、泰國蝦也是常見的養殖種類。魚塭週遭視野寬闊，遠遠可以見到兩個大地標。灰色的煙囪是仁德糖廠，舊稱車路墘製糖所，一百多年前

設立的時候，為了方便砂糖的運輸，還把今名保安站的車路墘驛往北遷移到現址。巧合的是，車路墘驛最初的舊址，如今又蓋起了仁德車站。另一個地標是白色的車路墘教會，該教會設有台灣唯一的「猶太人屠殺」紀念館，因而小小的保安聚落，卻與以色列有著相當友好的關係，顯得相當特別。

在 2013 年 6 月雙向通車的新曾文溪橋。 攝影／蘇傑豪

聚落中最高的白色建築物就是車路墘教會。

南國的產業風情，背景為縱貫線的鐵道。

結實纍纍的椰子樹與自強號列車。
攝影／陳威旭

漁塭的工人正要將蝦苗種入水池裡。

台灣米倉的彩色魅力

稻米是台灣人的主食，也是最常見的農作物，主要的產地就在縱貫線南段通過的西南部平原區，可謂台灣的米倉之所在。雖然東部的稻米因品質優良而享有盛名，但終究因為耕地面積不足，其產量只佔了一小部分。根據二〇一一年的統計，台灣稻米產量最高的行政區，依序是雲林縣、彰化縣、嘉義縣、台中市和台南市，其中第三名的嘉義縣，其年產量已逼近宜、花、東三縣的總和。

一期的稻作，從插秧到收割，通常大約要四個月左右的時間，在氣溫較高的地方可能稍有縮短。在這段期間，農人必須細心照料，同時操煩隨時可能出現的天災。稻田景觀最吸引人的地方，就是其色彩會隨著稻作成長而變化。在插秧之前，田地必須先翻土，雖然色彩較不明亮，卻呈現一種對未來樸實的期待；隨後進行灌水，一畦畦的田地亮如明鏡，反射的色彩隨著天空的顏色而不同，許多鐵道迷也喜愛在此時拍攝倒影的畫面。插秧之

盛夏時節，第一期稻作正要收割。

後，田地中終於多了幾許綠意，隨著秧苗逐漸成長，顏色漸漸偏向翠綠。開花、結穗之後，澄黃的元素才開始發展，直到飽滿的稻穗以漂亮的弧度下垂時，已是一整片的金黃。稻田收割時，採收機在田裡以八字形的路線前進，後面總是跟著一群白鷺鷥，準備啄食頓失遮蔽的小蟲。也只有在這個時候，農人才比較容易露出輕鬆又滿足的笑容。

在中南部地區，由於氣溫較高，在結束了兩期的稻作之後，通常還會繼續進行「冬裡作」，但為了避免土壤肥力降低，大多會種植油菜、向日葵之類的綠肥作物，有時則是種植一般的蔬菜。綠肥植物在翌年的第一期稻作時可打入土中作為肥料，整片開花時也是重要的觀光資源。縱貫線南段沿途經過許多稻田，其中在後壁一帶的規模最大，但像是花壇、田中、石龜、民雄、隆田等站附近，也都是拍攝稻田景觀的熱門地點。而除了稻米和綠肥作物之外，大村附近的葡萄園，隆田附近的菱角田，也都是極具地方色彩的農業景觀。

農忙景觀極富有台灣的生命力。

採收機附近總是跟著許多白鷺鷥。

油菜花是一般民眾最有印象的綠肥作物。 攝影／陳映彤

古今車窗風景

文／翻譯 黃偉嘉

昭和十三年《汽車の窓から》精選

縱貫線南段古今車窗風景旅行

《汽車の窓から》於昭和十三年（一九三八）由鐵道部出版，細膩描繪當時台鐵沿途風光、物產、河山景致。此專欄精選數段內容，供讀者比較七十餘年前的車窗風景，增添鐵道旅行的懷舊趣味。

導讀

根據文獻，當時為了便利商旅，常在市郊設立汽油車站，專停汽油車，例如台南就有二處，宛如現今台鐵捷運化的前身。而當時沿線的建築，許多已走入歷史、但也有不少保存至今。就待您一一發掘比較！

台南（たいなん）—車路墘（しやろけん）（7.6KM）

本次選擇南段的台南＝保安，以及二水＝林內兩個區間，供讀者比較七十餘年前的車窗風景，增添鐵道旅行的懷舊趣味。

（發車後）平交道兩側之月台為「東門町」汽油車停車站。左邊道路盡頭可見大東門。右側遠方分別有鐵柱兩枝、以及三枝兩個地方，是台南放送局以及台南無線電信局。接下來的大煙囪為台灣煉瓦株式會社台南工場。

不久，右側可見廣大的土地。附近一帶有棒球場、競馬場與綜合運動場等。

目前通過「糖業試驗所前」汽油車停車站。左手邊是為總督府糖業試驗所，從事一般糖業之研究、調查、試驗與鑑定。台南市的範圍到此為止，而右邊有木麻黃路樹的是州道，與縱貫道路共用路線。

最近設立的台南飛行場位於右側，由車路墘驛徒步二十五分鐘可至。

左方白色屋頂的建物，為台灣製糖株式會社車路墘工場，年產糖五十五萬擔。而通往會社的道路，逢七、八月會盛開紅豔的鳳凰木。

目前渡過三爺溪，此鐵橋上游因為一帶適合捕魚，十一月至三月間假日多遊客在此郊遊垂釣。魚種則為雜魚。

左側遠處，在有新高連峰（譯註：日本時代稱玉山為新高山）的山麓附近，有著台灣製糖著名的沙崙農場，其面積據稱有一千甲步，悉數栽植甘蔗。車路墘驛已近。

嘉義到高雄間路線略圖。

第一代台南車站。

鄰近糖試所的生產路花海。 攝影／楊孝博

1960 年代的磚廠。

東門站月台遺跡。 攝影／楊孝博

台南車站今貌。 攝影／古庭維

⬆ 濁水溪橋今貌。 攝影／古庭維

⬇ 日本時代的濁水溪橋。

二水（にすゐ）—林內（りんない）（8．2KM）

（發車後）右側可見的大煙囪，是台灣合同鳳梨株式會社第十八工場，為全島第三名的工場。鳳梨罐頭日產七千五百罐、年產四萬罐。

目前渡過的河川為本島第一長流濁水溪。發源自合歡山（三、三九三米）奇萊主山（三、五四四米），全長達一百七十公里。此鐵橋總長八八九米，為本島第四名之長橋。另外，此流域河灘，可採集「羅溪石」作為硯石之用。此河亦為台中、台南兩州州界。

右側順流而下的左岸，有稱為西螺街（人口二萬六千）的大鎮。以朱欒、文旦的產地聞著名，年產額登上百二十萬斤、四萬二千圓。

左側南方的內山處，有一白色煙囪即為昭和製糖株會社竹山工場，年產赤糖約十五萬擔。其直上方的台地是竹山市區，為郡役所所在地（譯註：日治時期合數個街庄為一郡，介於現代縣與鄉鎮之間的層級）。竹山距離之後的林內驛約七公里，台車十五錢、巴士三十錢可至。

竹山附近一帶，是木、竹材的產地，若進入山內，放眼望去盡為竹林，名符其實的「雲林」（譯註：清代時，雲林縣治原在竹山，後遷斗六門）。又，帝國大學演習林位於距竹山三公里之山中深處（譯註：今台大實驗林）。

左側小山續綿不斷的樹林，悉為龍眼樹。

導讀

二水與林內間，跨越的是台灣的天然分界線—濁水溪。而為了跨過濁水溪，縱貫線南段在這裏也最貼近山麓，以爭取架橋的良好地點。有河有山，窗景特別多變。

二水站今貌。 攝影／古庭維

林內站今貌。 攝影／古庭維

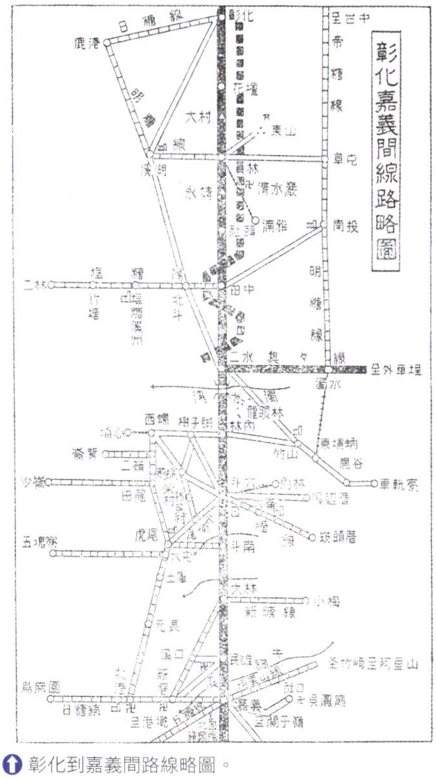

彰化到嘉義間路線略圖。

鐵道寫真家

跨越大橋梁。穿越田園魚塭

縱貫線南段

超完美取景角度

文／陳威旭

行經縱貫線南段，比起北部的冰冷與繁忙，這裡反而充滿著悠閒與熱情。當列車駛出鄉鎮外，沿途盡是一望無際的嘉南平原與養殖魚塭。只有快到終點前，才再次出現屬於南國港都的都市叢林。

⬆ 鮮豔的油菜花田與通過列車。
攝影／陳映彤

遇見。
田野的四季風情

輕快地奔馳在平原上的列車，時而通過小鎮，時而越過大河，運送南來北往的旅人。縱貫線南段貫穿了台灣的穀倉，昔日更配合糖業鐵道綿密的路網，擔任南部鄉間小鎮運輸的重責大任。

慢車停靠在鄉間小站，稀疏的乘客緩慢的下車，沒有北部的緊湊步調，反而多了一分寧靜的優閒自在。在這兒，一年四季的背景都是列車的舞台。春天水田的倒影，把景物映成實虛的一幅畫。鐵道旁搖曳的椰子樹，光波粼粼的魚塭，綠意盎然的田野與熱情的艷陽，這是夏日的季節；向晚停靠的列車，與一旁的蟬鳴譜出交響曲來。而暖秋盡是一望無際的金黃色的稻穗。冬天的南國依然溫暖，沒有北部的濕冷，擁有繽紛燦爛的花海，微風吹入車廂，讓人感到舒服卻不刺骨。

我們沿著軌道一路南下，選定了足以代表南部的景緻，很值得用不同時節去走訪它，細細品嘗南部的田園風情。

⬆ 遍地盛開的油菜花海，更襯托出列車的鮮明（花壇南）。　攝影／陳映彤

⬆ 金黃色的稻穗，是暖秋的味道（花壇南）。　攝影／陳威旭

⬆ 光波粼粼的魚塭，盛行的養殖漁業風情（保安中洲間）。　攝影／岑承穎

鐵道寫真家

攝影Tips

拍攝列車帶景的廣角視野時，首要條件要包含前景、背景等元素，而且畫面也不可過於雜亂，天氣也是非常重要的因素！遇到藍天白雲的情形下，不管甚麼前景色彩都十分飽和，適合使用焦段約16-28mm間的廣角鏡頭，亦可掛上CPL偏光鏡，增添照片飽和度。相對在陰天的情況下，地點就需慎選前景或背景，否則拍出來的照片過於單調，或可使用50 200mm焦段的鏡頭營造出壓縮感，讓景物得以豐富些。

昔日的二層行溪橋一景！（大湖中州間）。 攝影／陳威旭

聽聞。

規律節奏的鋼樑橋聲

還沒改善路橋梁前的縱貫線南段，其實是現役擁有最多鋼梁橋的一段，最有名的無非是台南的二層行溪（二仁溪）橋與曾文溪橋，非常適合做整列車的攝影，地景有著綠葉與流水，也許運氣好遇到能見度很高的天氣，還能將中央山脈一同入鏡呢！目前這兩個景點都屬於順光的午後拍攝，使用廣角鏡頭帶入列車全側面。夏天有著綠油油的植被，秋冬轉為大片的芒草，尤其是傍晚金黃色的陽光與暖系色溫，十分迷人！

位於台南市境內的二層行溪橋，在中洲與大湖兩站之間，若無自己的交通工具，在尋訪上較不方便。最容易取景的角度，大概是鐵橋南岸的西側，若從大湖車站徒步前往，需要將近一小時的時間，可參考網路地圖確定路線。但是景色美麗，值得待上一個下午，這就是鐵橋的魅力。而最壯觀的曾文溪橋，已在四月底走入歷史，但還是可到拔林車站下車，欣賞這座大橋的氣勢。

即將切換為水泥橋的二層行溪橋（大湖中州間）。 攝影／古庭維

除了鋼梁橋外，台鐵在橋頭站北還與高雄捷運跨線橋交會，從橋頭車站步行至此只需十五分鐘，有時可以遇到台鐵列車與高雄捷運同時交會的畫面呢！一旁的台一線也可看到橋頭的地標一紫色的捷運鋼樑橋與底下的台鐵交會的畫面，此點適合下午拍攝，尤其是冬天的橋頭花海季時，此時更種植的大片的花朵，更可以利用前景作構圖。

⬆ 曾文溪鋼梁橋最後的秋芒季節（善化拔林間）。 攝影／陳威旭

⬇ 巧遇台鐵貨物列車與高雄捷運交會！（橋頭岡山間）。 攝影／陳威旭

↓橋頭的地標－高捷紫色鋼梁橋，運氣好時一樣遇得的到列車交會！（橋頭岡山間）

鐵道寫真家

攝影Tips

曾文溪橋和二層行溪橋適合下午兩點後拍攝才順光，可以選擇廣角鏡頭帶入整座橋梁，或是用中望遠鏡頭營造出列車的壓縮感來，也可利用綠地和溪流等前景做不同的構圖，算是十分好拍攝的地點。而台鐵與高捷交會地點就位於橋頭站北的「筆秀路平交道」旁，使用廣角鏡頭進行構圖，遇到兩鐵交會的機率其實算高，不妨來此碰碰運氣！

俯瞰。

熱情的港都

高雄市，縱貫線的終點，行經港都的都市叢林下，也許是最後僅存的大都會地上段鐵道。若提到俯瞰高雄的完美制高點，當然非壽山莫屬了。位於壽山動物園的停車場附近，是觀察整個北高雄的都市發展與來來往往火車最好的地點，從高雄出站後火車行經昔日的三塊厝北邊彎道，一直看到一節節車廂行經愛河橋，再沿著美術館旁的馬卡大道一路向北，而且在南迴線與縱貫線交集的高雄＝新左營段，擁有非常高的列車密度。建議若在這附近取景，可使用中長焦段的鏡頭，在都市叢林裡的構圖化繁為簡，彎彎曲曲的鐵道，行經高樓大廈旁都是港都都市叢林的最佳寫照，在現有的時間裡非常值得紀錄這即將逝去的一景。在不久的將來，隨著鐵路完成地下化，高雄市的街頭就像台北一樣，永遠不會再聽到火車的鳴笛。雖然解決交通阻塞的困擾，順利接合鐵道兩旁的街道，只是屬於高雄人抵達家鄉，那熟悉的大廈與進站前的愛河橋印象，都將因為地下化而消失在我們腦海中。

鐵道寫真家

攝影Tips

制高點基本上都以中望遠焦段70-300mm為主，將雜亂的景物化繁為簡，取其中一段特寫來，當然也可以使用廣一點的鏡頭，但需注意畫面會不會過於雜亂而無法突顯主題。另外，使用中望遠焦段可能會有手震的情形，必要時使用腳架會更加得心應手，也不至於構得太剛好的圖因手震而「爆框」。

從高雄站出發後，行經三民國小旁的南迴線莒光號（高雄新左營間）。
攝影／陳威旭

從鼓山高中登山口登柴山，往盤榕方向步行約 1 小時候，瞬間豁然開朗了起來，北高雄的發展也一覽無遺（高雄新左營間）。 攝影／詹淵翔

彎彎曲曲的鐵軌，沿著馬卡道路北上，一旁的地下化工程正如火如荼的進行中（高雄新左營間）。 攝影／陳威旭

鐵道寫真家

豐饒嘉南平原與繁忙工業

縱貫線南段．迫力列車

文／攝影　林韋帆

縱貫線鐵路列車自北部發車，於竹南站過後分為山線及海線南下，各自經歷過雪山山脈及台灣海峽的景色洗禮，會合於基隆站起二〇五．九公里處的大肚溪南號誌站，自此鐵路再度合而為一，一路朝向台灣鐵路的南段前進。

有別於山海線的大山大水及縱貫線北段的都市繁忙景象，縱貫線南段呈現的是大格局的車窗外風景。旅人於車內向窗外望去，首先映入眼簾的是台灣穀倉—嘉南平原，收割時節金黃飽滿的稻穗隨風搖曳；休耕時節，無論是水田所照映出的壯闊山脈或是做為肥料恢復土壤養分的油菜花盛開，不同的時節提供了不同的田間景象，給了旅人們旅行時不同的驚喜，而一幅幅的景象透過手中的相機紀錄亦或是直接用眼睛去感受，都將成為日後回憶裏一幕幕難以忘懷的片刻畫面。

列車進入台南境內，雖仍有一畝畝的稻田景色伴隨著列車南下，但車旁景色將逐漸轉變為象徵工業化的一座座大型工廠廠房及煙囪，直到終點高雄站為止。尤其是楠梓站至左營站路段，窗外的景色更是將高度工業化的高雄近郊詮釋的淋漓盡致。以往縱貫線南段尚有開窗的普通車行駛時，常常可見旅客自動將窗戶飛快的放下，然後摀住鼻子屏息以待，不然可是會吸入一大口的刺鼻工業廢氣。對於居住於高屏地區的人們來說，搭車南返時，如果聞到空氣中瀰漫著一股刺鼻味，那代表高雄站快要到了。

由於縱貫線南段經過的路線多為平原地帶，因此在路線線型上以筆直的長直線為主，彎道為

↑ 車過彰化之後，窗外景象轉為大片田園景觀，有著季節性的豐富變化。

← 大片綠油油的稻田，在光線的照射下顯得更為翠綠。

擁有劃時代加速性能且尚未更改塗裝的通勤電聯車 EMU700 型駛過黃昏下的二層行溪橋。

南部路段少見的S彎，在長焦段鏡頭的壓縮下，呈現出列車撇彎的大魄力。

輔，S彎更是稀少，大多數的直線段對於使用長焦段的鏡頭來取景可說是相當的適合，至於彎道及S彎區間就得視構圖中列車主體與畫面的距離而定。現今的縱貫線南段路線中，就有一個這麼樣的區間，將上述可用長焦段鏡頭構圖的元素一網打盡，那就是位於台南與高雄交界的台鐵局中洲站至大湖站區間。

而目前縱貫線南段仍存在著三座年代久遠的鋼樑橋，分別為曾文溪橋、鹽水溪橋和二層行溪橋，相較於使用長焦段鏡頭於直線或是S彎構圖，使用廣角鏡頭來創作更能顯現出長跨距橋樑的開闊、大器。可惜的是，這三座大橋將在今年陸續走入歷史，被新建水泥橋梁取代。搭配著各種不同顏色的列車入鏡，更是充分的呈現出列車色彩多樣性與樸實橋樑主體的鮮明對比。近年來台鐵局劃時代的日本製新車—TEMU1000型、EMU700型、TEMU2000型抵台後，均須於支線以外的電氣化路線走過一趟。因此，對於大多數的鐵道迷來說，新車駛過古老的鋼樑橋上，更是難能可貴的珍貴畫面。

S 彎拍攝的另一個特性，可在長焦段鏡頭拍攝下，完整見到列車整個編組。

高雄人的玄關記憶—愛河鐵橋，有別於一般建設為直線段，愛河橋為一灣道設計。

豐收時節的二層行溪橋，橘色的機車頭牽引著全黑的貨物列車，畫面色彩瞬間鮮明了起來。

⬆ 已消失的水藍色列車，行駛於晨間的老鋼樑橋上。

↖ 冬天限定的光線拍攝條件，透過長焦段鏡頭於直線上壓縮更是相得益彰。

⬅ 彎道上的拍攝，呈現出的效果為單純的魄力，適合全編一樣的列車。

⬇ 盛夏時分，陽光灑落得早，可以利用光線拍攝出溫暖色溫的作品。

R22
R22

在少部分的攝影地點，也可以使用廣角鏡頭進行彎道的構圖取景，最主要的目的是呈現出列車的完整編組，建議於有適當前景拍攝地點較為適合。

主體在光線及器材的配合下，透過緊實的散景呈現出更立體的效果。

列車行經高雄市區的擁擠區域，景色慢慢的轉變為一支支的工廠大煙囪。

主體在光線及器材的配合下，透過緊實的散景呈現出更立體的效果。

從中洲大湖間的二層行溪橋遠眺大武地壘雙峰。 攝影／楊庭硯

台灣鐵道車窗名山景

縱貫線南段X中南部百岳

文／攝影 古庭維

屏東的母親大山，在台南就能遙望

說到屏東最有名的山，即使不是登山客，大概也都聽過「北大武山」的聲名。中央山脈在經過大、小鬼湖山區時，海拔僅存兩千公尺餘，且主稜位置模糊不清，但在過了霧頭山之後，忽然又拔地而起，形成壯觀的大武地壘，橫亙於屏東的東方。北大武山海拔三、〇九一公尺，南大武山二、八四一公尺，並列為雙峰狀，前方毫無遮蔽，屏障於東邊天際，稱之為屏東聖山無庸置疑。想要欣賞大武山的王者之姿，其實並非只能在屏東見到，廣為人知的雙峰輪廓，在與屏東市緯度類似的高雄市區、湖內、岡山一帶都能見到；搭乘縱貫線南段，大概在台南站以南，都是良好的觀賞點。即使遠望，依然能感受「台灣五嶽」之一所呈現的懾人氣勢。

冬日飄渺晨霧裡的北大武山。

北大武山雲海。

濁水溪橋身後高山羅列。

寬闊濁水溪，群山簇擁，中央山脈深處名山赫然在列

台灣的屋脊—中央山脈，在南投境內扭了一下身軀，而玉山山塊和乾卓萬山列也恰好在這一帶搭上了邊，共同組成了台灣最深邃、最複雜的高山地區。不僅如此，這些高山的西側，玉山山脈和阿里山山脈的北稜線也不是泛泛之輩，更加深了這些名山的遙不可及。台灣最長的濁水溪，就是發源於這個區域，峽谷中風化的板岩不斷崩落，混濁的溪水在集集過後正式進入平原區。縱貫線濁水溪橋於一九〇七年通車，為了縮短跨橋距離，選在二水與林內間興建。從寬闊的河床，可以看見集集大山身後的干卓萬山、卓社大山，甚至能高山南峰。南岸則見身形優雅的鳳凰連峰，清代八通關古道由鳳凰谷越嶺，其後是壯大的西巒大山，丹大山區則藏在更深處。濁水溪床時常塵煙瀰漫，偶而晴朗之時，精采山景乍然現身。

干卓萬山危崖處處。

屬於玉山山脈的西巒大山（海拔 3,081 公尺）。

溪頭上方的鳳凰連峰。

路程遙遠、攀登困難的干卓萬山列。

鐵道沿線，歷史名場景

隆田車站與烏山頭水庫

文／攝影 古庭維

寬闊而富饒的稻田景觀，是許多人對嘉南平原的既定印象。然而，在一九三〇年四月一日，嘉南大圳啟用通水之前，這是先民所不能想像的生活。而這段故事的開端，就在隆田車站附近的烏山頭。

官田溪鐵橋，完工後為大圳北幹線和縱貫公路兩用。

日籍技師根留台灣 偉大土木建設流傳永恆

隆田車站是台南溪北地區的農業大站之一，即使鐵道貨運已經完全休止，許多鐵軌和倉庫早已廢棄不用，但從車站留下的規模，仍可推敲當年盛況。在目前站房南側的區域，有許多台糖倉庫殘存著，事實上這裡曾是糖廠鐵道的車站，只是鐵道大多已拆除而成為停車場。糖鐵還在的時候，五分子車可通往麻豆、佳里，甚至再往北通往北門。在後站方面，有鐵道通往隆田站北側的麵粉廠，但也在數年前停用。搭火車經過隆田時，若仔細觀察後站的方向，還會發現一條漸漸遠離縱貫線的鄉間小路，這條路身世不凡，它曾是通往烏山頭的鐵道路線。

烏山頭水庫又被稱為珊瑚潭，湖面地跨官田、六甲兩區，由三十幾條大小溪流匯聚而成，蓄水量達一千三百公頃，潭廣水深，環繞著一百多座小島與半島之間。這是一座完全的人工湖。一九二〇年，烏山頭水庫起工，由年輕的日籍技師八田與一規劃設計，除了世界前所未有，長達一、二七三公尺的大壩，還包括長達三、一二二公尺的烏山隧道，用來將曾文溪的水源引入水庫。此外，還有規模非常巨大的渠道系統，北起濁水溪流域，南

嘉南大圳工程鐵道使用德國製四動軸蒸汽機車。

曾用於工程鐵道的日本製窄軌蒸汽機車。

官田溪鐵橋今貌。

隆田車站今貌。

⬆ 八田與一銅像。

⬇ 嘉南大圳北達濁水溪、南迄二層行溪流域。

⬇ 八田壩是非常珍貴的土木史蹟。

至二層行溪流域，工事所及範圍甚廣。

整個工程歷經十年才完成，其中歷經工安意外而停工，以及經費的短缺，甚至大壩的工法也受到美國土木專家的挑戰。一九三〇年四月一日，台灣農業史上值得紀念的一天，烏山頭水庫與嘉南大圳竣工，「八田壩」在當時是東洋最大，也是世界排名第三的水庫。嘉南平原的水田更從五千公頃增加為十五萬公頃。當地人為了感念八田與一的貢獻，設立一座坐姿銅像，也象徵八田先生平時待人和善、不擺架子的個性。

在這個偉大工程進行的期間，為了運輸工程的物資，以及大壩的原料—來自大內一帶的曾文溪床的土石，因而興建了工程鐵道系統，路線超過十條以上。嘉南大圳完工後，鐵道也漸漸撤去，但從隆田通往烏山頭六．二公里的路線，卻一直存活到一九六〇年代才拆除，變身成為道路至今。由隆田後站出發，水田邊的小路往東邊彎去，經過官田新訓中心後，化身為南一一六號公路，直抵烏山頭大壩和嘉南村。

引進許多機械設備也是此工程的重要意義。

烏山頭線鐵道由隆田後站方向出發。

嘉南大圳南幹線曾文溪橋，也與縱貫公路共構。

這個因為工程而誕生的聚落，還維持著當年的淳樸，八田故居也已整修開放參觀。八田與一是日本石川縣出身，二十多歲便來到台灣參與許多水利工程，也因嘉南大圳而選在烏山頭落地生根。

太平洋戰爭時期，八田受政府徵召前往菲律賓進行調查，中途卻不幸於一九四二年五月八日在九州海域遭美軍潛艇擊沉而罹難。數年後日本戰敗，國民政府強迫部分在台日籍人士遣返，視烏山頭為故鄉的八田夫人外代樹不願離開，選擇跳入大圳送水口結束生命。在外來的仇日氛圍下，有心人士更將八田與一的銅像藏了起來，數十年後在隆田車站倉庫重新發現才物歸原址。現在，每年的五月八日都會在烏山頭舉辦追思活動，八田與一造就嘉南平原廣大沃土的故事，就如大圳一樣源遠流長。

鐵道園區

文／攝影 古庭維

南台灣近代化起始點
打狗鐵道故事館

——台灣第一座舊車站博物館 鐵道發祥紀念地再創新生命

戰後重建的高雄港站，如今成為打狗鐵道故事館。

台灣鐵路的創建，一般的印象是由清代劉銘傳開始，但對南台灣而言，鐵路的起源在後藤新平主政的一九〇〇年，縱貫線南段由打狗至台南通車。最初的打狗火車站位在今日的壽山下，同時利用疏濬打狗港的泥沙填海造陸，成為今天鼓山區的腹地。在縱貫線通車後，車站便遷移至今日的所在地。臨海的車站，自然是車船轉運的歷史結點，當時南台灣所設立的工廠，各種現代化大型機具就由打狗進入台灣。打狗不但是高雄市的起源，也是南台灣近代化的開端。

「打狗」一名來自平埔族語，一九二〇年台灣許多地名更改，打狗也依發音TAKAO改寫為日文漢字「高雄」。由於台灣的蓬勃發展，從車站乃至於高雄港、臨港鐵道、高雄市的規模不斷擴

高雄港站曾是控制整個臨港鐵道的核心中樞，站長室內有一幅臨港線路線圖。早年鐵道被視為國防設施，屬於機密，因而隨時可將簾子拉上遮蔽。攝影／吳俣之

張，高雄自此也成為工業城市。一九四一年，再次配合都市計劃，高雄車站遷移到今天的位置，而舊站就轉為貨運專用的港口車站，繼續肩負著控制火車進出港口的任務。

太平洋戰爭時，高雄港周邊有許多軍事工業，港口鐵道更與軍事用途息息相關，因此包括港口車站在內全都成了空襲目標，最後幾乎夷為平地。戰後，車站迅速重建，重啟港口鐵道門戶的責任，環狀的第一臨港線全通，在戰後復原中扮演重要角色，

↑ 撤站前夕的高雄港站，洋洋灑灑 38 條股道。

⬆ 戶外空間展示 2 輛蒸汽機車及 6 輛車廂。

更在隨後的經濟發展貢獻良多。一九七〇年代，第二臨港線連接至小港，整個高雄港鐵道達到最高峰，卻也在同時期因交通政策偏向公路而開始沒落。

高速公路通車後，國內的鐵道貨運一落千丈，高雄臨港鐵道沿途的工廠鐵道漸漸停用。隨著第二高速公路、東西向快速道路接續興建，更是陷入不得翻身之境。時序進入廿一世紀，穀物雜糧成為高雄臨港線最後一種貨品，但從二〇〇五年底開始，列車就不再進入高雄港站編組，這也是臨港鐵道瓦解的序奏。失去機能的高雄港站，到了二〇〇八年初正式廢止，通往鼓山的路線截斷，南台灣的鐵道發祥地不再與縱貫線聯繫。閒置了兩年後，高雄港站由市政府認養，並委託鐵道文化協會進駐營運，在二〇一〇年十月廿四日，也是縱貫線通車的紀念日，「打狗鐵道故事館」正式開館。

打狗鐵道故事館以高雄港站為基地，室內空間維持貨運車站的樣貌，並定期舉辦講座活動。戶外空間保留三十八條股道，重現台灣最大貨運車站的規模，目前

高雄港站北號誌樓是全台灣唯一僅存機構完整的機械號誌樓。

館內維持站長室原本的樣貌。 攝影／吳俁之

貨運車站是打狗鐵道故事館的展示主軸。
攝影／吳俁之

有兩輛蒸汽機車及六輛車廂靜態展示。車站北側的號誌樓，是台灣現存唯一機構完整的機械式號誌樓，亦由文化局保管中，待將來資源充足時也會成為博物館的一部分。高雄港站是南台灣鐵道的起點，也是高雄市發展至今的起源。維持車站的樣貌，喚起都市回憶，重視文化發展的軸線，也是高雄能否成為一個國際都會的重要依據。

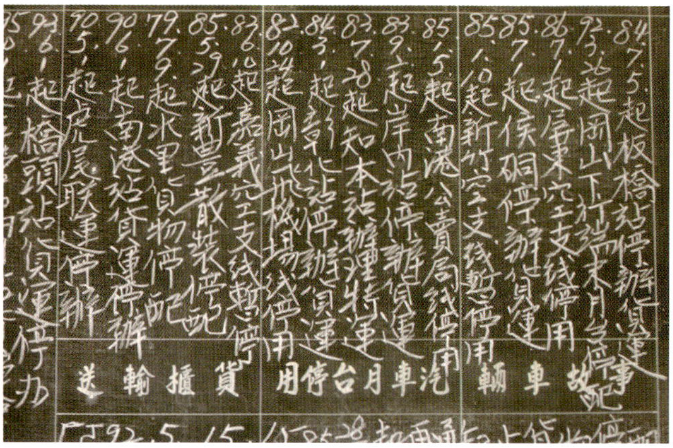

貨運辦公室依然保存停用當時的板書資訊，見證臨港鐵道的最後時刻。
攝影／吳俁之

雖然高雄港站曾在太平洋戰爭時遭受轟炸，但仍有部分家具幸運留存。貨運辦公室中的這個桌子，還寫著「鐵道部」三個字。
攝影／吳俁之

高雄港站雖然在站前就成為貨運站，但依然保留古老的月台。低矮的月台是 20 世紀初的特徵，彌足珍貴。 攝影／吳俁之

號誌樓利用導管、拐軸、鐵線等裝置，將鄰近的轉轍器和號誌統一集中管理，從樓下延伸而出的設備就如機械手臂一般，是一座大型的玩具。

元宵節真愛碼頭施放煙火，也可由打狗鐵道故事館觀賞。

⬆ 老車站喚起城市的回憶，讓民眾重溫在地發展的歷史。

⬅ 打狗鐵道故事館中的蒸汽機車，歷經一番修復工程。

國人熟知的莒光號在 1970 年登場，當時是台灣陸上最高級的交通工具。這輛莒光號電源車特地恢復成當年的塗裝方式，高雅大方，是台灣唯一的莒光號復古塗裝。

這輛 15EF19 號平車 1911 年日本製造，高齡超過百歲，是全台灣現存最古老的貨車。其車輪、車架及避震彈簧等結構都非常珍貴。

藍皮車廂常被泛稱為「普通車」，然而這輛 1966 年自日本川崎購入的 20 公尺級鋼體客車，早年是負責「對號特快」的服務。裝設國產的翻背椅，定員 64 人。目前僅存 3 輛，於 2010 年 5 月功成身退。

記憶中的鐵道

文／攝影 鄧志忠

左營地區的軍用鐵道

早已淡忘的硝煙味

古稱「舊城」的左營，自有歷史的記載以來，一直與軍事脫離不了關係。日領以後疏濬萬丹港成為台灣島上最大的海軍軍港－左營軍港，太平洋戰爭爆發前，日軍積極進行南侵戰略，左營更成為南進船艦的前進基地，日本開往廣州、香港、新加坡、馬來西亞、印尼的船艦，都必須先在左營港整備或先行訓練後再行出發。為了建造左營軍港與提供海軍油料補給的海軍第六煉油廠（現中油公司高雄煉油總廠的前身），便從基地附近，時稱舊城驛的左營站，分別修築了往南的築港線和北側的煉油廠線兩大軍用支線系統。

從左營站南端分出的，原是為了萬丹港築港工事所需的支線鐵道，工程結束後改用於軍需物資運補，也就是後來的桃子園支線。這條軍用支線穿越左營大路底的中油加油站旁與早期的桃子園聚落後來到壽山北側，國軍接收後成立海軍左營運輸站，並於一九五四年增建月台，方便貨物與兵員轉運，後來因使用率低，最後在一九八九年因為國宅興建而將鐵道拆除，而留下的月台則改為海軍陸戰隊武器裝備展示場，陳列了早年陸戰隊所用的M733水鴨子等二十多項軍品，稱作「桃子園車站」，也成為該支線留下唯一的鐵道遺跡。

而從左營站北邊分歧出來的軍用支線也相當有意思，當年為了海軍第六煉油廠建廠後方便原料及成品的運送，而鋪設自左營站分歧出全長五．七公里的鐵道支線，除了通往煉油廠的路線外，還在今日海功東路與左營大路附近，計劃修築一條通往北勝利營區（現在的高雄世運主場館）的未成線鐵道，兩條鐵路支線都和當時的軍事用途脫不了關係。至於海軍第六煉油廠的興建，一位

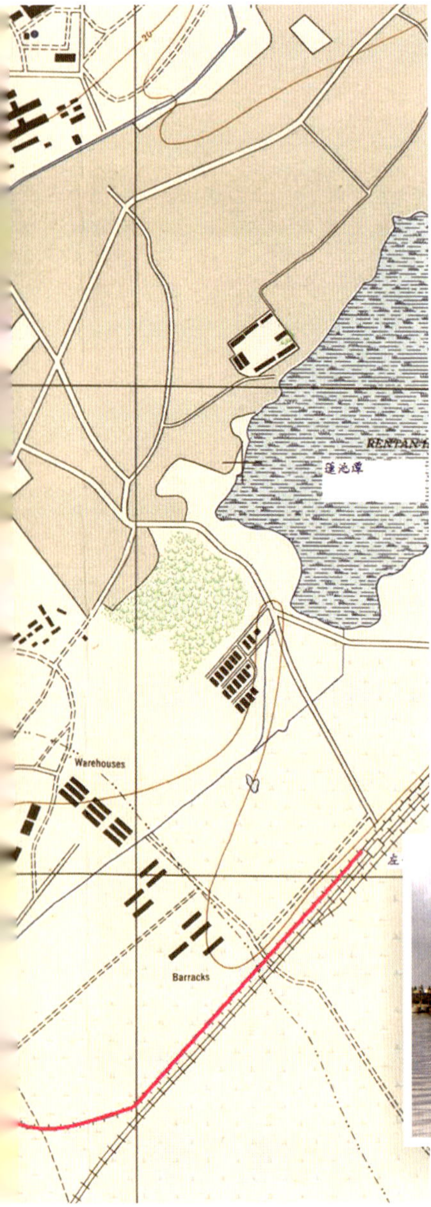

專門停靠作戰艦艇的左營港西碼頭，是早年築港鐵道的路線設計終點。圖為成功級軍艦。

桃子園支線舊貌，大約位在今日鼓山路與中華路一帶。

桃子園車站月台如今改稱做「懷念的月台」，陳展著早年陸戰隊各種軍品，是營區開放參觀時軍事迷必到的景點。

1960 年左右的桃子園支線，可以看見鐵路沿著眷村旁進入軍區，遠方的壽山與今日相比差異不大。

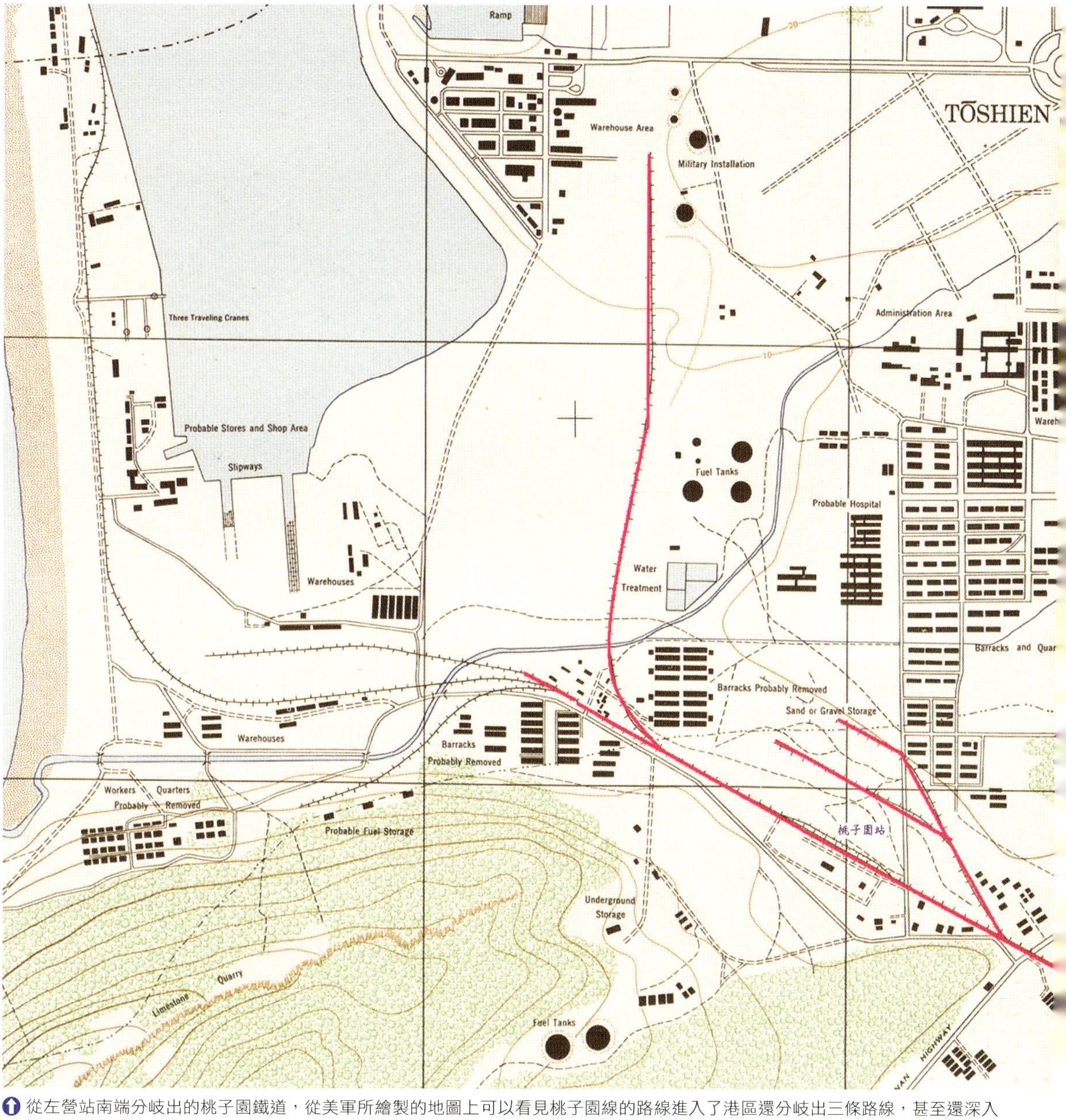

從左營站南端分岐出的桃子園鐵道，從美軍所繪製的地圖上可以看見桃子園線的路線進入了港區還分岐出三條路線，甚至還深入到軍港中的補給庫房。

↑ 舊中油線及水泥廠線都是由照片右側有止衝擋的那一股道分歧而出，遠方是已消逝的舊左營站內天橋。

從高雄糖廠（日本時代屬台灣製糖株式會社）退休的糖鐵火車司機曾回憶道，早年日軍還曾經藉由高雄糖廠原料鐵道左營線，運送海軍第六煉油廠所需建廠機具與原料呢！

海軍第六煉油廠區內的鐵道路線也頗具規模，除了擁有大型調車場與自己的機務段外，也有專用的運輸機車頭群，儼然是自成一格的鐵道王國。此外，從後來的中油公司文獻上得知，中油公司接收後仍然持續培養自己的火車司機，而煉油廠線也改稱為中油線。

除了煉油廠運輸需要之外，半屏山的石灰石礦的開採後，也在這條支線的途中修築了東南水泥與建台水泥專用線，此時的中油線除了可以看到中油的油罐車外，開往半屏山麓的貨車，也讓這條支線變得相當忙碌，一九八七年發生北上二十六次莒光號列車，撞上誤入正線中油油罐車的重大鐵道事故。隔年中油高雄廠便改以油管運送油料至楠梓油庫，再用利用鐵路或陸運輸出，中油線因而無存在的價值，加上台一七線翠華路的開通影響

中油煉油廠線位在翠華路（台 17 線）旁的繼電器箱與舊鐵路大門，見證了當年中油線由此通過。

在國道 10 號左營端終點附近可以找到中油線的舊路基，遠方縱貫線，也將會在鐵路地下化後，消失在左營的地面上。

高雄煉油廠廠區內的機關車庫與機關車群，曾經是一位鐵道迷的童年記憶。（施依吾提供）

高雄煉油廠內現存的鐵道。（施依吾提供）

交通為由，一九九〇年拆除僅留下通往水泥廠的專用線。

隨著環保意識抬頭與礦源告竭，半屏山石灰石礦停採，水泥廠線和僅存的中油線也於一九九六年停用拆除。時至今日，中油煉油廠內還是可以看見當年的鐵道遺跡，例如月台遺跡與路基坡崁，而偌大的「機務段」現在則是中油交通車的停車場，而廠區外的鐵道舊線遺跡，也值得有興趣的讀者一探。

一個世紀前，因為軍事上的需要，高雄左營修築了一條條具有軍事用途的鐵道支線，隨著時代的轉變，戰爭的煙硝味褪去，讓這些鐵道從地圖上消失，如今的左營舊城已不易嗅到那股軍事氛圍，這座新舊並陳的左營城，正在思索轉型的方向。至於左營的鐵道呢？二〇〇七年台灣高鐵的終點設在左營，高雄捷運紅線也從左營穿越，自地底爬上半屏山麓穿出，昔日灰濛濛的水泥廠廠區成為台鐵機務段，負責屏東線與南迴線列車到發的重責大任，日後台鐵路線從這裡到鳳山站地下化，鐵道路線將永遠與軍事脫鉤了！

文／圖 片倉佳史

日本時代・縱貫線南段

車站戳章的世界

日本時代的台灣，鐵路車站也有放置紀念章。小小的紀念戳章，將各地風土特色巧妙描繪，題材也相當豐富，讓您享受紙上的旅行。刻印的圖畫風景以及當地的圖樣是非常有新鮮感的，擁有吸引眾人目光的魅力。本次介紹的印章來自員林至高雄間的車站。在本稿所刊載的紀念章，是從拙作《台湾風景印——台湾スタンプと風景印の旅》（玉山社）當中節錄出來的。感興趣的讀者可以從這邊參考。

員林開往溪湖的汽油車。

員林的街景。

椪柑。

員林 いんりん

彰化的南方，向來被視為台灣最為肥沃的土地。員林也是一個因物產集散而發展的城鎮。日本統治時代初期，山坡上種植的椪柑相當知名，在水利設施逐漸進步之後，在平地的部份創造了寬廣的水田。

員林車站在一九〇五年（明治三八年）三月廿六日開設。由於進出的貨物量相當大的緣故，在站房一旁也設立了幾棟大型的倉庫。此外，通往鹿港的明治製糖株式會社鹿港線在此分歧，也有往南投的人力車、往北斗的公共汽車班次。員彰自動車會社的巴士，每天有三六個往復的班次到彰化。

紀念戳章的圖案裡，描繪出八卦山脈平緩的形勢，以及員林的特產椪柑，山腰上則有員林神社的鳥居。員林神社於一九三一年（昭和六年）三月廿九日鎮座，目前殘存著鳥居和石燈籠。

二水 にすい

二水位在濁水溪北岸。濁水溪發源自合歡山，上游多為黏板岩地質，造成灰濁的水流，故名。濁水溪橋長八百八十九公尺，是台灣第四長的橋樑。二水站於一九〇五年（明治三八年）一月十五日開設，當時名為

斗六市街。

甘蔗田。

北港朝天宮。

虎尾糖廠。

帝雉。

「二八水」，一九二〇年（大正九年）的地名改正才改為二水。「二八」的意思，是指分為兩道的水流，彼此分分合合、糾纏不清。這裡是集集線的分歧站，也是明治製糖株式會社南投線的起點站。

戳章圖案畫的是集集線沿著濁水溪前進的樣子。後方是玉山山脈與日月潭。前方則是吹奏口琴的邵族少女，讓人印象深刻。

斗南 となん

舊稱為他里霧。一九〇三年（明治三六年）十二月十五日車站開設。雖然曾是這一帶的商業中心，但是在一九二〇年的時候，繁榮的市街已經移往斗六，因而取斗六南邊之意味，而創造了斗南這個地名。這裡是往土庫、虎尾、西螺、北港等地的換車站，是大日本製糖株式會社所在地虎尾的玄關入口。虎尾的製糖工場是台灣三大糖廠之一，同時擁有第一、第二工場，也曾有產糖量第一的紀錄。距離斗南有半小時的鐵道車程。

戳章的設計獨特，畫出了被指定為天然紀念物的帝雉，背後是新高山（玉山）的雄姿，下方向右延伸穿過帝雉尾巴的是甘蔗。

民雄 たみお

民雄是位在嘉義北方的小城鎮，曾經是前往北港的轉乘站，因為前往參拜媽祖的乘客眾多而繁盛。但是，在東洋製糖株式會社由嘉義出發的鐵道開通後，進香客紛紛開始利用新的路線，民雄也慢慢地衰退了。

廣闊的甘蔗田是南台灣的風情畫，民雄附近也是一望無際的寬闊農場。北港則是朝天宮的所在地，並擁有大日本製糖株式會社巨大的工場，市街特別繁華。

民雄車站於一九〇三年（明治三六年）十二月十五日開設，當時名為打貓。戳章因為鄭成功的「怪貓傳説」，而將貓的圖案畫出；外框所描繪的是大士爺廟。雖然簡單，卻是一個獨特的紀念戳章。

嘉義 かぎ

嘉義是南部首屈一指的大都市。嘉義站內還擁有阿里山森林鐵路、大日本製糖北港線、明治製糖朴子線的月台。除了來自阿里山的木材，平地所產的農作物也來此運送。在台灣的車站中，嘉義的貨物量是數一數二得多，車站不分晝夜熱鬧非凡。

往高雄的列車由嘉義出發後，可以見到右邊的北回歸線標塔。這是一九〇八年（明治四一年）為了紀念縱貫鐵道開通而建，其後又多次重建替換。從這一帶開始，熱帶植物漸漸增多，車窗景觀的印象也有了不同。

位在戳章中央的是阿里山上的神木，其後黑色部份則是由阿里山遠眺的新高山山脈剪影，不用說最高的山峰就是新高山（玉山）。這棵樹木是依照嘉義公園旁的農林試驗場的樹苗所繪製的。

後壁 こうへき

後壁是以距離關子嶺溫泉最近的車站而知名。台車軌道由後壁站前延伸，經過白河通往關子嶺溫泉，俗稱為關子嶺軌道，載運著許多泡湯客。後壁站於一九〇二年（明治三五年）四月廿日開設，站房為日本式的木造平房，目前仍在使用中。

關子嶺溫泉除了風光明媚，也是南部知名的溫泉。混濁的溫泉有滋潤皮膚之效，因而被稱為美人湯。延綿不絕有三百階的石梯，是關子嶺溫泉的象徵，現在被稱為好漢坡，日本時代則稱之為「男坂」，也被作為溫泉浴過後回復身心的道路。

後壁站戳章的圖案是溫泉與古剎碧雲寺，其屋頂被畫得很大，特別強調了這座廟的規模。

番子田 ばんしでん

今名隆田的番子田市區並不大，不過做為前往麻豆的起點站，因此車站也顯得繁榮。番子田站開設於一九〇二年（明治三五年）四月廿日，此地是鄭成功的軍隊擴張領土到麻豆之際，由流離失所的西拉雅人開墾，因而被稱為「蕃仔田」。在設站初期，原本只是個簡易的招呼站，後來才升格為正式的車站。一九二〇年（大正九年）改寫為番子田。

往麻豆的明治製糖株式會社番子田線，在車站旁設有月台。鐵道經過麻豆、佳里之後，最後抵達二疊溪。此外，在嘉南大圳的工程開始之後，也鋪設前往烏山頭的路線。

車站戳章的外框設計獨特，是以本地的特產文旦作為外框。前方描繪的是總爺製糖所的煙囪，此地是明治製糖株式會社本社所在地；後方為烏山頭大壩與珊瑚潭。背後的山巒則是烏山嶺。

台南 たいなん

台南是個古都，在漢人渡海來台沒多久後即開始發展，在荷蘭統治時代、明鄭時期、清國統治時代，長久以來都是台灣的首都。這段歷史，是台北所遙不可及的，而台南人高昂的鄉土意識，在在加深了足以自豪的古都氣質。

車站的開設是一九〇〇年（明治三三年）十一月廿九日，是在當時仍名為打狗的高雄（後來的高雄港站）與台南間路線開通時設立。站房為殖民地式樣，二樓設有提供住宿服務的「鐵道旅館」，是台南最高級的旅館之一，相當受到歡迎。

昭和十年的戳章，大大的圖案是台南的象徵─赤崁樓，前方則是在鄭成功傳奇故事中登場的老虎。

昭和十五年的戳章具有獨特的外框，刻劃出赤崁樓的形象。圖案中也加入了雷與雲和香蕉葉，讓人感受到南國的情懷。右下方的建築物則是一九三六（昭和十一）年竣工的台南車站。

嘉義車站。

關子嶺溫泉。

嘉義站月台。

嘉南大圳。

明治製糖本社。

台南車站月台。

台南車站。

台南車站候車室。

此外，在台南的林百貨店內設有觀光服務所，也有放置紀念戳章。這枚戳章的中央畫有林百貨店的圖案，仔細觀看外框，則是赤崁樓側面的形狀；下半部模仿的是車票的形狀，其中還畫出了剪票孔。

⇧台南銀座。

⇩超峯寺。

岡山 おかやま

岡山是一處位在台南與高雄中間位置的城鎮，也是轉乘往附近阿蓮、彌陀與梓官的轉車站。岡山古名為阿公店，設站之初也以此為名。車站於一九〇〇（明治三三）年十一月廿九日開設。後來在一九二〇（大正九）年的地名改正時，改為岡山。

附近有大崗山與小崗山兩座山峰。大崗山的山腰上有一座名剎—超峯寺。許多進香客是搭乘火車到岡山，再轉乘手推台車或巴士往前往。

戳章的背影，將大崗山的山脈及山腹上超峯寺的三寶殿畫了出來。前方是南國象徵的香蕉葉。香蕉的知名產地旗山，就位在越過了大崗山之後的地方。戳章圖案中加入了「台湾」二字，推測是為了避免與日本岡山縣的岡山站混淆。

高雄 たかお

高雄是縱貫鐵道的終點，同時也是潮州線（屏東線）的起點。高雄擁有台灣最大的港灣，與基隆能成為台灣一南一北的兩大港都。雖然是較晚發展的新興都市，一九二〇年時，高雄已凌駕台南之上，成為南台灣的行政中樞。

車站在鄰近高雄港的位置，於

高雄州廳舍。

俯瞰高雄站。

高雄站內。

舊高雄站站房。

一九〇〇（明治三三）年十一月廿九日設立，當時的站名為「打狗」。之後在一九〇八（明治四一）年四月廿日，縱貫鐵道全通而成為了終點站。站內的貨物進出量大，終日不止，側線也相當多，車站前是一個向左的大轉彎，才能繼續通往高雄港各個碼頭，碼頭上是連綿不絕的倉庫，是個生意盎然的港口。這個高雄站，在一九四一年的新站完成後，改為高雄港站，現在則以打狗鐵道故事館維持著。

昭和八年的車站戳章，是將壽山遠眺高雄港的景色圖案畫，描繪出橫過港灣的旗后半島，以及對岸的旗后街景。半島前端可以見到白色的燈塔。皇太子行啟來台的登頂紀念碑也畫在圖中，山麓上的市街則是鼓山的房舍；港內航行的船隻、軍艦，也都說明了這就是高雄。

昭和十年的戳章以特產品烏魚子作為圖案。車站名稱擠進了港灣的位置，用來強調旗后半島的存在。左側畫書了壽山，且將鐵道線路描繪出來，顯示出高雄站是縱貫鐵道的終點，同時也是潮州線的起點。

「永保安康」車票傳奇

——縱貫線南段名片式車票尋跡

名片式車票

文／圖　蘇棨豪

目前彰化高雄間仍在販售的名片式車票，僅存永康站、保安站發售之「永康＝保安」區間的票，因起訖站名組合成「永保安康」之吉祥話語而被民眾購買留念或傳遞祝福。「永保安康」紀念票的出現乃始於一九九三年，為紀念保安車站整修完工，台鐵依謝明勳（今打狗鐵道故事館館長）的建議，印製「A保安至永康」的普快車票，並在背面加印「祝園府永保安康」字樣做為紀念票，推出當天即銷售完畢。

此後保安站回歸寧靜，直到二〇〇〇年因一則以「永保安康」為內容的汽車廣告，再次引發永康、保安兩站永保安康車票熱銷，兩站的永保安康車票也不斷加印，甚至當縱貫線南段各站不再發售名片式車票後，此兩站持續請領、販售「永保安康」車票，從「普通、快車」、「復興／電車」到今天的區間車，十幾年來仍為許多人所津津樂道，堪稱台灣車票界的奇蹟；這股熱潮也推動了後續「追分成功」、「大肚成功」、「吉安壽豐」等以站名組合吉祥票的誕生，永康站前聚集的票套、中國結、護貝店家，乃至市面上所見的車票吊飾、仿製車票、車票造型明信片等，也是由此熱潮衍伸出來的特殊現象。

除了一般販售的永保安康車票之外，台鐵仍因應特殊節慶、日期或者活動印製紀念車票，例如紀念跨越二十一世紀而在二〇〇〇年十二月三十一日的「尾日票」以及二〇〇一年一月一日發售的「首日票」，推出時引發轟動；此外諸如總統就職紀念、民國百年跨年及國慶、二〇一二年七夕等都發行過紀念票，也往往造成永康、保安站前大排長龍購買紀念票的景象；甚至是在南科燈會紀念票、沙崙線通車紀念票等也有印製永保安康來「串門子」。從一張平淡無奇的車票，跳脫了他的運輸功能，變成紀念品甚至是護身符般的存在，更引發全民運動的「永保安康」，可說是台灣鐵道文化中相當奇特的一面。

「永保安康」儼然已成為永康、保安兩站的代名詞。

「百年好合」紀念票發行時，永康站外大排長龍等候購買紀念票的民眾。

推出時造成轟動的 2000 年尾日及 2001 年首日紀念票。

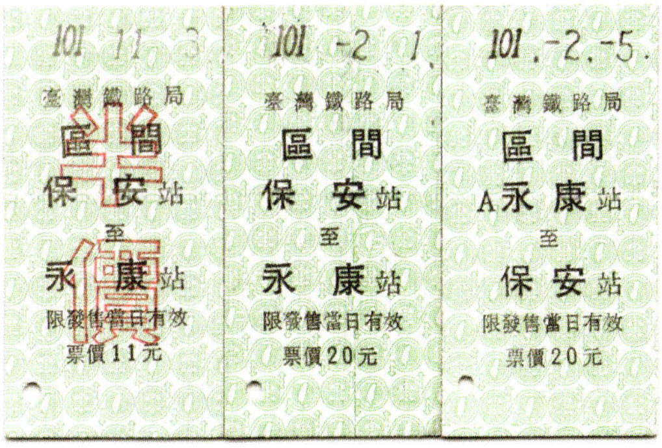

今日可購得之「永保安康」車票，此外保安站也有至永康的去回票。

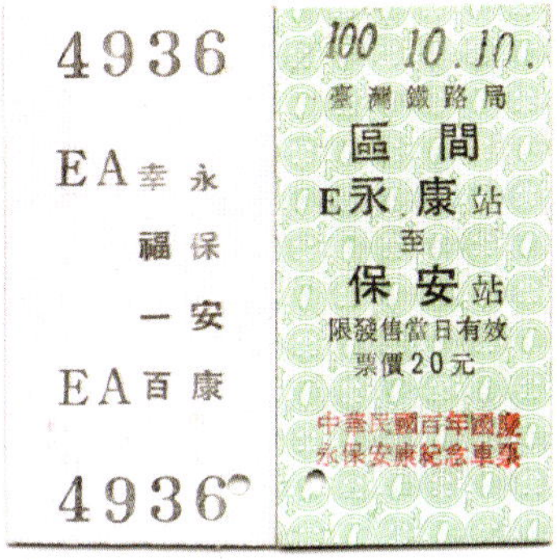

百年國慶紀念票。

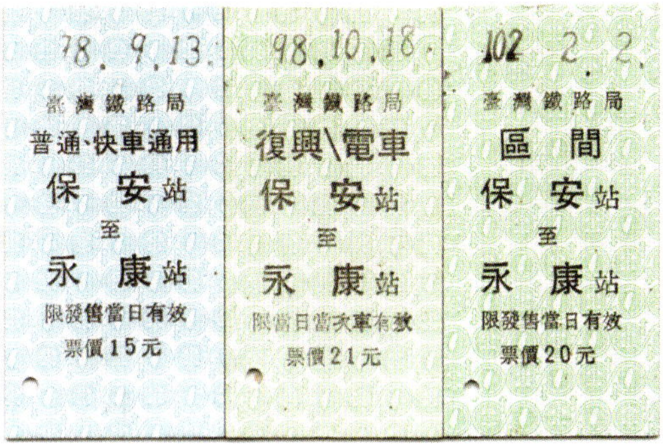

隨著時間推進，從普快到區間演變的永保安康車票。

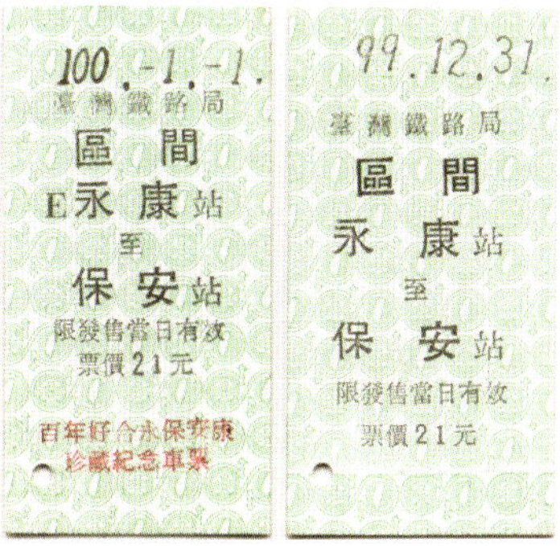

永康站售「百年好合」紀念票，和紅色封袋成套發售。

沙崙線通車紀念套票中的永保安康車票。

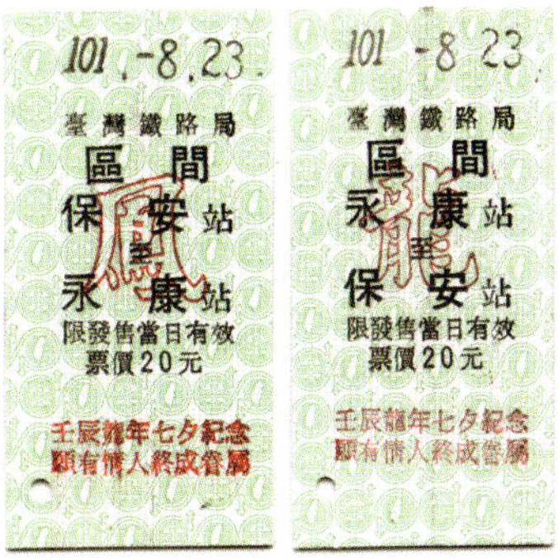

2012 年七夕紀念票，首見票底套印特殊中空字作法。

鐵道迷這樣玩

文／圖 洪仲宜

餐廳裡的鐵道文物館

拜訪鐵道子弟老闆的夢想

位於彰化社頭車站附近的福井食堂，是以鐵道為主題的餐廳，老闆陳朝強夢想成立一間鐵道博物館，以展示多年來從各地收藏而來的鐵道文物。前年好不容易買下一棟三層樓透天厝，結合餐廳與鐵道文物館的概念，終於實現多年來的鐵道夢。

來到福井食堂門口，獨特的大門設計，是仿台鐵普通車車廂的外觀打造而成。門口旁用鐵道枕木架設的招牌寫著「鐵道博物館」，一旁則是仿台鐵站名燈箱上，寫著通往幸福與平安。經營多年的福井食堂，早已是鐵道迷之間的人氣名店，新店面開張以來吸引更多鐵道迷前往朝聖用餐，其中不乏專程跨海前來的日本鐵道迷。餐廳經過擴大經營後，在當地也引起不小的話題。

打開自動門進入餐廳內部，彷彿來到鐵道驛站，遊客坐在老舊的車廂座椅上用餐，頭上則有仿車廂內的行李架，旁邊擺放著鐵道模型，經由周遭擺設可以看出老闆細心的佈置。

跟著老闆的腳步來到二樓，彷彿進入一座小型的鐵道博物館，甚至與台鐵的文物室不相上下。收藏的鐵道文物包羅萬象，有日本時代保留下來的直流式子母鐘、德國製手搖式計算機、站內手搖電話、手提號誌燈等等，都是來自台鐵的舊文物，種類之多堪稱是民間第一；甚至有許多拍攝電影戲劇的劇組，或各大文物展覽都曾前來商借。

意猶未盡來到三樓，則是進入了月台的情景，木製的圍籬、座椅有著斑駁的痕跡，透露出濃濃的古意，這也是從拆除的老車站中搶救出來，因緣際會被陳老闆蒐購，成為店內重要的資產。

餐廳內會有這麼多珍貴的鐵道文物，主要都是老闆陳朝強從家裡流傳下來，或從網路、二手市場搜尋購買，有些則是鐵道同好無償提供。陳老闆說因為從小就居住在台鐵二水站旁的台鐵宿舍，且家裡從爺爺、父親、叔叔都是台鐵司機員退休，在長輩的耳濡目染下，對鐵道的相關事物也感到特別喜愛。

陳老闆自屏東科技大學畢業後，延續對美食的堅持與熱情而投入餐飲事業，也因為自身的生長環境，讓他對鐵道產生一股說不出的親切，於是他透過各種管道蒐集鐵道文物，結合自身的專長開設福井食堂鐵道餐廳，讓大家一同體驗鐵道的樂趣。閒暇之餘陳老闆也會兼當解說員，為遊客解說店內收藏的鐵道文物，了解各項文物的由來、功用與收藏的原因。希望讓遊客不是只是來店內用餐，而是能深刻體會這些鐵道文物對於台灣鐵道的重大貢獻與付出。

↑ 餐廳二樓是琳瑯滿目的文物室。

⬆ 餐廳三樓是以老月台場景為主題。

⬆ 模仿普通車外觀的餐廳入口。

➡ 福井食堂位在這個三層樓透天厝。

⬇ 以真實普通車座椅改造的用餐座位。

⇧ 讓人懷念的茶杯與茶壺。

⇧ 懷舊的台鐵手提號誌燈。

⇩ 台鐵各種古老的時計。

⬆ 販賣名片式車票的票櫃。

⬇ 台鐵德國製手搖式計算機。

縱貫線南段問答集

鐵道問答集

5.09公里(KM) 4.56公里(KM)

文／圖　台大火車社

Q1

縱貫線南段經過台灣糖業產區，早期有哪些車站可以轉乘糖業鐵道呢？

A

彰化、員林、田中、二水、斗六、斗南、大林、嘉義、南靖、新營、隆田、善化、台南等十三個車站可轉乘糖鐵。在彰化可以轉乘和美線、鹿港線，前往和美及鹿港等地。在員林可以轉乘員林線前往溪湖。田中則可由田林線前往二林。二水可轉乘二水線前往名間、南投。斗六由雲虎線前往斗南、虎尾，這條雲虎線也可由斗南轉乘。大林除了有大林線前往虎尾，也可由新港線前往新港，以及轉乘小梅線前往梅山等地。嘉義可轉乘朴子線前往朴子、港墘等地，也可轉乘嘉義線前往新港、北港。南靖可轉乘芒埔線前往同仁，或南竹線前往義竹，以及南靖線前往蒜頭。新營可由布袋線前往鹽水、義竹、布袋，也可由烏樹林線前往白河或東山，或由學甲線前往下營、學甲、將軍。隆田可轉乘隆田線前往麻豆、佳里、二重港。善化可轉乘玉善線前往玉井。台南則有關廟線前往歸仁、關廟等地。此外，永康、保安、橋頭三站也有糖鐵聯絡線，但並未辦理客運。在《鐵道新旅》第八期，我們會有詳細的介紹。

Q&A

Q2 大家都說高雄是縱貫線的終點，所以西幹線每班車都只跑到高雄嗎？

A 縱貫線的起點是基隆，終點是高雄，但現在的高雄車站其實並非最初所指的縱貫線終點。在一九〇〇到一九四一年間，縱貫線的終點是後來的高雄「港」站。當時所有客、貨運業務都由高雄港站辦理，但隨著經濟發展及都市更新計畫，高雄港的站場已不敷使用，於是於一九三三年興建新高雄車站，一直到一九四一年新高雄車站完成，才把客運轉到我們現在所看到的高雄車站。而原本的舊高雄站就此轉為貨運用，也改稱為高雄港站。

一九四一年到現在的這段期間內，屏東市區人口和商業活動也逐漸成長，為造福高雄到屏東的沿線居民，後來便開始有對號列車不以高雄為終點，而開到屏東才折返北上。而一直到近年來因高雄站開始實施地下工程，原本的四個月台被縮減到兩個半，月台使用的吃緊度大幅提升，也影響列車在高雄站整備的任務，為了降低高雄車站月台的使用率，區間車大部分移至屏東折返，對號列車也越來越多改在屏東或是鳳山整備。

而原本高雄站也身為屏東線起點，但現在屏東南迴線的列車也都遷到新左營站當作起點，也就是說現在真正把高雄站當作起訖點的，只剩下西幹線部分的對號列車和少數區間車。隨著潮州基地的完工和高雄車站的地下化，未來將會把西幹線的終點移到潮州站，屆時將僅存非常少數的列車在高雄站折返，而旅客印象中調車工作終日繁忙的高雄站，也將在回憶中逐漸褪去他的歷史色彩。

高雄港站撤站前的最後紀念列車。

南迴線的基地已由高雄轉至新左營。

曾是糖業轉運站的隆田留下了倉庫和站場。

過了濁水溪，縱貫線進入寬闊的平原區。

Q3 彰化以南地形平坦居多，鐵路的鋪設及沿線的景觀有何特色？

A 彰化以南以平原居多，不像其他大部分的路線那麼多丘陵和山地，因此在鐵路的鋪設上比較沒有坡度的問題，可說是環島鐵路中坡度最緩和的一段；最陡的坡出現在爬濁水橋的前後，但其實也只有千分之十左右。另外也因為行進在平原區，彰化到高雄之間是完全不存在隧道的，路線也以直線居多，除了部分車站因為雙軌化工程時並沒有修正彎道曲率而出現較低限速外，多數路段限速都有時速一百二十公里，和宜蘭線及縱貫線北段的連續彎道形成強烈對比，PP推拉式自強號在此路段也較能以最高時速一百三十公里行駛，與傾斜式太魯閣號的最高時速相同，這也是為什麼太魯閣號西部最南只開到田中的原因之一。

鐵路周遭的風景更是不同，嘉南平原是耳熟能詳的地理概念，能看到中南部綿延不絕的農田風光，其中南靖到新營這段是最寬闊的平原段，從車上往外看，可能連一條公路或是聚落也找不到，視線可及的範圍全是稻田。除了田園風光，楠梓到新左營間的煉油廠也很壯觀，往西邊的車窗看，數以百計的煙囪便佇立在半屏山旁，讓人深深感受到重工業在高雄的繁榮，但也透露空氣環境汙染的隱憂。

縱使的地形的差異使這段鐵路和其他路段有很大的差異，但相同之處便是過河的橋梁，我們不妨想像一下，台灣的河川多半是東西向，所以只要鐵路是南北向都一定得通過好幾條河川，縱貫線南段就通過了濁水溪、八掌溪、曾文溪等大河，還有數條的河流和灌溉用溝渠。

Q4 現在北部大部分車站都能使用電子票證，中南部是否也能享受這項服務呢？

A 二〇一二年底前，台鐵只在北部區間、南科＝中洲＝沙崙的縱貫線及沙崙線各站，裝設有多卡通的閘門設備，而且無法跨越區間使用電子票證乘車（例如台南來往新竹就無法使用）。不過近期內台鐵也將著手進行斗六＝屏東各站的多卡通設備建置（有可能加入高捷一卡通），在不久的將來旅客們可以使用多種電子票證，無須排隊購票，即可在嘉南小站間便利地火車旅行。

台鐵沙崙站與北部區間相差無異的多卡通閘門。

Q5 近年來台灣擁有三鐵共站的車站如雨後春筍冒出，全台灣最早擁有三鐵共站的車站為哪一座？

A 答案是嘉義站。起站為嘉義的阿里山鐵路於一九一一年開始載客，加上早在一九〇二年即完工啟用的縱貫線嘉義站，以及於一九一〇年加入營運之糖鐵朴子線，使嘉義成為第一個三鐵共站的車站。此外，從嘉義通往北港的糖鐵嘉義線則在一九一一年通車，只不過兩條糖鐵路線分屬不同製糖會社，車站是分開的，直到戰後才合併，設於今日後站一帶。而連接嘉義站各條客運網絡的載客量也在二〇世紀中葉達到高峰。然而隨著公路興起，這四條客運線逐漸流失客源，時速較慢的糖業鐵路首當其衝，兩條糖鐵路線更在一九八〇年代初期終止營業，阿里山鐵路也因颱風破壞路線而被迫停駛，現在僅能通車至奮起湖。

嘉義後站曾經是糖業鐵道轉運重鎮。

Q6 台南是縱貫線南部中，古蹟及小吃最負盛名的一站，是否有行程參考呢？

A 台南是活的歷史教室，等著我們去追風找故事，對於規劃一日行程的旅客，可搭乘台鐵至台南車站，或是搭高鐵再轉乘沙崙支線來到台南市區，交通十分便利。若是第一次到台南，推薦來個「安平美食單車輕旅行」，騎著卡打車尋幽訪勝、品嚐道地的台南美食。以下是範例行程介紹：大約九點半抵達台南站。台南站挑高的設計和壁上的拱門及拱窗頗具古典風格，不妨在這個雕工精緻的古蹟流連片刻。隨後前往附近的慢慢腳踏車店租車，租八小時價格為二百元。首先前往安平古堡，車程約二十分。這個曾是台灣要塞的堡壘，歷經荷治、明鄭、清領、日治到光復至今已有三百多年的歷史，這裡展示著不同時期的風貌和各種歷史文物，從瞭望塔上還可一覽壯觀的鹽水溪和台灣海峽風光。接著來到億載金城，車程約五分鐘。億載金城又名二鯤鯓砲台。一八七四年牡丹社事件後，清朝治台轉向積極，億載金城就是此時由巡撫沈葆楨規劃而成，在中法戰爭及劉永福抗日時都曾發揮抵禦外敵的功能，周圍還有護城河圍繞呢！戰後雖一度淪為荒地，但在經過整建並仿製大砲、小砲後，已恢復以往的氣派。中午時分回到安平老街品嚐美味小吃，除了安平豆花、伊蕾特布丁、周記蝦捲等特色商家，路邊的古早味小吃如棺材板、炸餛飩、白糖粿也不容錯過！吃飽喝足後前往附近的安平樹屋和德記洋行參觀，見識老榕樹與房屋共生的旺盛生命力。下午來到堤頂改善道路自行車專用道，享受鹽水溪河岸的風光明媚，並選擇性前往蚵灰窯文化館學習古早人如何用糯米汁、蚵灰和糖水來作黏著劑蓋房子；別忘了在安平樹屋附近的東興洋行點杯咖啡，體驗異國風情。最後在傍晚時分來到有名的觀夕平台欣賞夕陽美景，快樂賦歸，結束樂活又充滿人文氛圍的台南一日遊。

Q7 為何縱貫鐵路沒有經過雲嘉南沿海村落並設站？

A 事實上，在日本時代嘉南平原廣布糖業鐵路，而鹿港、虎尾也都有糖鐵經過設站，尤其虎尾站的糖鐵四通八達，可以連接北港、台西、麥寮、斗六、斗南等地。然而在縱貫鐵路建造，需跨越多條主要河川，如濁水溪、曾文溪等，考量到當時的橋樑建造技術，無法在河截面較寬的下游處，建造長跨距又堅固的鐵路橋樑，因此縱貫鐵路選線之初便避開了河川中下游的路線，也帶動了新興內路城鎮的崛起。雖然如此，糖廠間密集的糖業鐵路網，仍維持著縱貫鐵路未通過的鄉鎮聯繫，在國共對峙時期基於戰備考量，更相連成為「南北平行預備線」。

安平古堡。

億載金城。

Q8 台鐵有個很有名的扇形車庫，請問是在哪一站？有何歷史意義和特色呢？

A 扇形車庫是蒸汽機車時代的產物，利用以轉車盤為圓心，排列向外輻射而出的鐵道，檢修車庫的形狀呈扇形至圓形，除了方便體積龐大、且有轉頭需求的蒸汽機車調度，也有節省空間的效果。在日本時代，台北、新竹、彰化、嘉義、高雄（港）站等五處設立有扇形車庫，後來也在新的高雄站設立了一座，共有六座。然而隨著鐵路設施的日新月異，蒸汽機車頭已經悄然離去，改由新生代的柴電和電力機車頭擔綱運輸重擔，但扇形車庫最初的設計是為了蒸汽機車打造，廠內並不適合架設電力線，且新式的機車頭已經可以雙向運轉，並不需要轉車盤，於是在鐵路電氣化後新式的線型車庫如雨後春筍般出現，而由北到南的各個扇形車庫則遭到「大屠殺」的命運。至一九九四年時，僅存的彰化扇形車庫原本也因為要興建電車維修基地而面臨拆除，不過在相關人士等奔走之下，最後終於保住扇形車庫，並於二〇〇〇年列為古蹟且保存至今。

扇形車庫的建築最大特色就是一個扇形的維修車庫，及中央一個調車用轉車盤和輻射到車庫的鐵軌，在主線上跑的機車頭如果要休息或整備時，就會先開到轉車盤上，之後會有專門的轉車盤操控員開始操作轉車盤，當對到負責維修該機車頭的車庫時便停下來，最後確認鐵軌相連結後才讓機車頭繼續開往車庫進行維修等工作，最初彰化扇形車庫只有六個股道可以進行維修，且都是維修蒸汽機車頭，後來則陸續擴建至十二股，甚至在七個股道提供柴電機車的維修及兩個股道提供電力機車的維修。於是現在的彰化扇形車庫中從最古老的CK124蒸汽機車頭一直到柴電時期的R50，以及電氣化時期的E100機車頭皆可看見，如果讀者也想一窺究竟的話，可於周一至周五的早上九點至下午五點持證件登記後免費參觀。

彰化扇形車庫是台灣最後的一座。

保安車站。

Q9

彰化到高雄間還有木造站房或是其他也很有特色的車站嗎？

A 目前這一段的木造車站有石榴、後壁、林鳳營、保安等站，均是日本時代所建，其中除了石榴站有經過被改建而和原先有所出入以外，其餘的三站都完整保存下來。後壁和林鳳營兩站的建築十分相似，兩車站的出入口皆設置在正中央，兩邊則有各一隻的Y字型的樑柱，屋頂則都是黑瓦「四注造」的和式設計。保安車站被列為市定古蹟，使用阿里山的檜木和日式磚瓦的中西融合建築。此外，二水、斗南、嘉義、南靖、台南和橋頭站雖非木造站房，卻也都是戰前完成的古老建築。其中嘉義和台南為大站型態，外觀氣派大器。已列為國定古蹟的台南站，車站二樓曾附設有鐵道旅館，目前已停業，卻是全台僅存的鐵道旅館遺跡。

古色古香的南靖車站建於 1943 年。

Q10 鐵路跨越另一條鐵路稱為立體交叉，縱貫線南段有哪裡看得到這種特殊景觀？

A 相較於台灣其他地方，彰化到高雄這一段可以看見最多種類的立體交叉，以高鐵和台鐵來說，在社頭＝田中、新營北邊、林鳳營＝隆田、新市站南邊等四處皆可看見高鐵的高架橋橫越縱貫線。而最特殊的是捷運跨越台鐵或台鐵跨越台鐵，這兩種景觀都只有在縱貫線南段才能見到，分別是橋頭站南邊捷運跨越台鐵，以及中洲站南邊台鐵沙崙支線跨越縱貫線，其中沙崙支線為了在一出站後馬上跨越縱貫線，必須建造千分之三十五的陡坡，遠比舊山線的千分之二十五還要陡。下次如果有機會經過這些立體交叉時，別忘了抬起頭看看是不是有火車正疾駛過自己的頭頂呢！

↓ 中洲站南沙崙線跨過縱貫線。

↑ 保安車站候車處。

↑ 縱貫線南段最具人氣，建於 1928 年的保安站。

車站全覽

文／圖　台大火車社

足旅40站，縱貫線南段全覽

花壇～高雄

花壇站（甲種簡易站）
24°　01'29.93 北
120°　32'17.94 東
彰化縣花壇鄉中正路 370 號

大村站（簡易站）
23°　59'29.32 北
120°　33'38.13 東
彰化縣大村鄉過溝村福進路 100 號

永靖站（招呼站）
23°　55'41.11 北
120°　34'18.09 東
彰化縣永靖鄉崙子村永崙路 25 號

員林站（一等站）
23°　57'33.73 北
120°　34'11.84 東
彰化縣員林鎮民權街 55 號

社頭站（三等站）
23° 53'44.74 北
120° 34'50.93 東
彰化縣社頭鄉廣興村社站路 10 號

田中站（二等站）
23° 51'30.30 北
120° 35'29.48 東
彰化縣田中鎮中州路 1 段 1 號

林內站（三等站）
23° 45'35.56 北
120° 36'53.57 東
雲林縣林內鄉中山路 42 號

二水站（二等站）
23° 48'47.52 北
120° 37'05.03 東
彰化縣二水鄉光文路 1 號
※ 站房為 1933 年建

石榴站（招呼站）
23° 43'54.57 北
120° 34'47.82 東
雲林縣斗六市榴北里文明路 26 號
※ 雲林縣歷史建築（戰後擴增原有建築）

斗六站（一等站）
23° 42'42.05 北
120° 32'27.47 東
雲林縣斗六市信義里民生路 187 號

石龜站（招呼站）
23° 38'22.38 北
120° 28'15.73 東
雲林縣斗南鎮石溪里

斗南站（二等站）
23° 40'22.70 北
120° 28'51.10 東
雲林縣斗南鎮南昌里中山路 2 號
※ 雲林縣歷史建築（1945 年建）

大林站（三等站）

23° 36'02.93 北
120° 27'20.95 東
嘉義縣大林鎮吉林里中山路 2 號

民雄站（三等站）

23° 33'18.36 北
120° 25'53.11 東
嘉義縣民雄鄉東榮村和平路 2 號

嘉義站（一等站）

23° 28'44.58 北
120° 26'28.07 東
嘉義市中山路 528 號（含前、後站）
※ 嘉義縣縣定古蹟（1933 年建）

嘉北站（簡易站）

23° 48'47.52 北
120° 37'05.03 東
彰化縣二水鄉光文路 1 號
※ 站房為 1933 年建

南靖站（甲種簡易站）
23° 24'48.49 北
120° 23'11.62 東
嘉義縣水上鄉三鎮村 26 號
※ 站房為 1943 年建

新營站（一等站）
23° 18'24.44 北
120° 19'23.28 東
台南市新營區中營里中山路 1 號

水上站（簡易站）
23° 26'01.58 北
120° 23'58.46 東
嘉義縣水上鄉粗溪村 68 號

柳營站（簡易站）
23° 16'38.09 北
120° 19'21.10 東
台南市柳營區建國路 1 號

林鳳營（甲種簡易站）
23° 14'33.39 北
120° 19'15.60 東
台南市六甲區中社里林鳳營 16 號
※ 台南市歷史建築（1943 年建）

後壁站（甲種簡易站）
23° 21'58.73 北
120° 21'38.21 東
台南市後壁區後壁里 77 號
※ 台南市歷史建築（1943 年建））

⬆ 拔林站（招呼站）
23° 10'20.46 北
120° 19'16.27 東
台南市官田區拔林里 83 之 1 號

⬆ 隆田站（二等站）
23° 11'33.81 北
120° 19'09.33 東
台南市官田區隆田里中山路 1 段 1 號
※台鹽儲運站為台南市歷史建築（1958 年建）

⬆ 大橋站（簡易站）
23° 01'08.71 北
120° 13'27.80 東
台南市永康區中華路 835 號

⬆ 善化站（二等站）
23° 08'00.07 北
120° 18'23.59 東
台南市善化區中山路 1 號

⬇ 永康站（二等站）
23° 02'18.09 北
120° 15'12.63 東
台南市永康區埔園里中山路 459 號

⬆ 南科站（簡易站）
23° 06'25.37 北
120° 18'06.95 東
台南市新市區大營里大營村 287-300 號

⬆ 新市站（三等站）
23° 04'05.51 北
120° 17'23.90 東
台南市新市區新和里中華路 1 號

大湖站（三等站）
22° 52'41.81 北
120° 15'14.39 東
高雄市路竹區甲南里天佑路 24 號

台南站（一等站）
22° 59'49.69 北
120° 12'46.39 東
台南市東區北門路 2 段 4 號
※ 國定古蹟（1936 年建）

路竹站（三等站）
22° 51'14.34 北
120° 15'58.54 東
高雄市路竹區竹南里中正路 288 號

保安站（三等站）
22° 55'58.79 北
120° 13'53.81 東
台南市仁德區保安里文賢路 1 段 529 巷 10 號
台南市市定古蹟（1928 年建）

岡山站（一等站）
22° 47'32.56 北
120° 18'00.33 東
高雄市岡山區岡燕路 111 號

仁德站（簡易站）
22° 55'24.78 北
120° 14'26.21 東
※ 尚未啟用）

橋頭站（三等站）
22° 45'40.24 北
120° 18'36.85 東
高雄市橋頭區橋頭里站前街 14 號
※ 高雄市市定古蹟（1935 年建）

中洲站（二等站）
22° 54'16.35 北
120° 15'09.97 東
台南市仁德區中洲路 298 之 1 號

左營站（簡易站）
22° 40'30.94 北
120° 17'41.30 東
高雄市左營區勝利路 1 號

楠梓站（二等站）
22° 43'37.45 北
120° 19'27.67 東
高雄市楠梓區建楠路 229 號

新左營站（一等站）
22° 41'16.10 北
120° 18'25.60 東
高雄市左營區尾北里站前北路 1 號

高雄站（特等站）
22° 38'19.09 北
120° 18'07.40 東
高雄市三民區建國二路 318 號
※舊站體（願景館）為高雄市歷史建築（1941 年建）

作者	古庭維、吳文豪、柯凱仁、陳威旭、蘇棨豪（半島）、林韋帆、鄧志忠、片倉佳史、洪仲宜、黃偉嘉、陳映彤、陳威勳、呂孟原、邱柏瑞、姜昇佑、楊士弘、鄭帆評、黃勖昀、岑承穎、楊庭硯、台大火車社
總策劃	古庭維
編輯顧問	傅新書
編輯	賴虹伶
特約美編	李淨東
行銷經理	叢榮成
執 行 長	呂學正
社長	郭重興
發行人兼出版總監	曾大福
出版者	遠足文化事業股份有限公司 地址：231 新北市新店區民權路 108-2 號 9 樓 電話：(02)2218-1417 傳真：(02)2218-8057
郵撥帳號	19504465
客服專線	0800-221-029
E-mail	service@ bookrep.com.tw
部落格	http://777walkers.blogspot.com/
網址	http://www.bookrep.com.tw
法律顧問	華洋法律事務所 蘇文生律師
印製	成陽印刷股份有限公司 電話：（02）2265-1491
定價	299 元
第二版第一刷	中華民國 103 年 9 月
ISBN	978-986-5787-55-4

線上讀者回函

國家圖書館出版品預行編目(CIP)資料

鐵道新旅：縱貫線南段：古庭維等作. -- 第二版.
-- 新北市 : 遠足文化, 民103 .09
面； 公分
典藏版

ISBN 978-986-5787-55-4（平裝）
1.火車旅行 2.台灣遊記 3.鐵路車站

733.6　　103015067